ent # 青铜器修复与复制基础

张珮琛 黄仁生 著

上海人民美術出版社

编委会

总主编

季崇建　上海视觉艺术学院文物保护与修复学院文化遗产研究院院长

编　委

陈　杰　上海博物馆副馆长

李仲谋　上海交通大学博物馆执行馆长

陈　刚　复旦大学文物与博物馆学系教授、
　　　　复旦大学文化遗产保护研究中心主任

张　晶　华东师范大学美术学院教授

熊缨菲　上海博物馆文物保护科技中心研究馆员

丁忠明　上海博物馆文物保护科技中心副主任、
　　　　上海视觉艺术学院文物保护与修复学院副院长

汪苡恝　上海视觉艺术学院文物保护与修复学院副院长

司徒勇　上海视觉艺术学院文物保护与修复学院油画修复方向专业主任

总　序

　　文物是历史的见证，保护文物就是保护历史；文物是文化的载体，保护文物就是传承中华文明。党的十八大以来，习近平总书记站在中华民族永续发展和中华文明永续传承的战略高度，就文物工作发表了一系列重要讲话，作出了一系列重要指示，精辟阐述了文物工作的发展方向，为新时代文物工作指明了前进方向，提供了根本遵循。

　　文物是不可再生的资源，保护与修复文物就是保护和恢复中华文明资源的完整性。上海视觉艺术学院充分认识到保护与修复文物的历史意义和现实意义的重要性，在老校长龚学平同志悉心关切和指导下，2008年创设了文物保护与修复专业方向，2016年9月申请目录外试点专业，并获得教育部审核批准，成为国内首创的本科新兴学科。2017年3月在国家文物局和上海市文物局的关心指导下，上海视觉艺术学院正式成立我国第一家文物保护与修复学院。2017年4月，上海市教委批准文物保护与修复专业为中本贯通试点专业。2017年9月，上海市教委批准该专业为应用型本科试点建设专业，并作为重点建设学科。2019年年底，该专业又被上海市教委遴选为市级一流本科重点建设专业，同年上海视觉艺术学院与北京大学、复旦大学、敦煌研究院等八家单位一起被国家文物局列入第二批文博人才培训基地。

　　学院以传统修复技艺和当代科学技术相结合的学科教学和研究为基础，既注重基础理论学习，又注重传统技艺的传承，以具有全面的学科知识结构，了解文物修复的全貌，掌握一项或多项修复技能专长为培养目标，使每位求学者成为具有文物保护使命感以及扎实专业知识和技能的新时代文物修复工作者。

　　学院目前下设陶瓷和青铜器保护与修复、古书画和古籍保护与修复、油画和木器保护与修复等三个主要专业方向，并通过与国内外文物保护与修复机构的交流与合作，引入了本专业所需的自然与社会学科的相关资源，建立包含修复理论基础、修复材料科学和修复工艺等三大模块的教学内容和基本框架。这在国内文物保护与修复专业的教学领域具有开创意义，同时又将历史、艺术、考古、科技等方面课程安排其中，从而建立起一个多学科结合的新型文物保护与修复教学计划和课程体系。

　　有鉴于此，编写一套"文物保护与修复专业系列教材"是学院近些年主抓的重点工作。经过三年的筹备和努力，在上海博物馆的鼎力支持下，《古陶瓷保护与修复基础》《古书画保护与修复基础》《青铜器修复与复制基础》以及《文物保护修复档案》付梓在即。这是由上海博物馆专家领衔，学院青年教师参与合作的成果，难能可贵也。今年乃至此后数年，我们还将继续努力完成其他教学内容的教材编写工作，使之成为一套相对完整、具有权威性的文物保护与修复系列教材。

　　文物保护与修复教学事业任重道远，我们当倍加努力。

"文物保护与修复专业系列教材"总主编

季崇建

2024 年 3 月

编写说明

青铜是人类历史上的一项伟大发明,是世界冶金铸造史上最早的合金之一。中国青铜文明的兴起,是进入新石器时代以来东亚地区发生的最重要的文化变革,标志着人类文明的进步和发展,它的衍生和发展对中国,乃至对整个世界的文明进程都具有重要意义。它承载灿烂文明,传承历史文化,维系民族精神,是国家的"金色名片",是中华文明源远流长和生生不息的实物见证,是传承弘扬中华优秀传统文化的历史根脉,也是中华文明的重要标志。

中国古代青铜器是不可再生资源,大部分青铜文物在制造、埋藏、流传和保存的过程中会经受自然和人为等因素干扰而产生病害。若不及时采取必要的保护、修复和复制措施,这些病害不仅会对青铜器本身各种理化性能的稳定性造成破坏,而且会给青铜器的研究和利用带来困难。因此青铜器修复及复制成为保护青铜文物的重要方法。

"保护文物功在当代,利在千秋。"中国的青铜器修复及复制技艺是一门古老的传统技艺,也是现代文物保护、博物馆藏品保管工作中不可或缺的门类。消除和减少青铜文物材料与结构的病害问题,减缓藏品的自然老化,研究藏品的成分结构、制作工艺,复原古代社会的工艺水平,探寻中国古代科技发展的脉络,满足文物长期保存和利用需求,是现代文物修复与复制学科的教学目标与要求。

本书包括两个部分。第一部分为青铜器修复与复制技术,包括七章:第一章为概述,介绍了中国青铜器修复与复制的意义、原则与发展简史;第二章介绍青铜器修复的设备和工具;第三章介绍了青铜器形制与纹饰的分类、特点与制作工艺等;第四至七章介绍青铜器病害的科学认知,青铜器修复、复制方法及保存环境等。第二部分为四个青铜文物修复及复制案例,作为馆藏可移动青铜文物保护、修复及复制的教学原则与依据。

"青铜器修复与复制基础"作为一门系列课程,适用于大学本科四年制教学。它旨在全面、系统和由浅入深地教授青铜文物保护、修复与复制的基本知识和技巧,为进一步的理论学习和实践打下基础。在社会主义核心价值观的引领下,此课程以学生发展为本,以核心素养为导向,全面把握教学的育人价值,把技能学习与立德树人作为教学的根本任务，清晰、明确地体现教学目标的育人立意，引导学生在学习知识与技能的过程中，体认中华文化，厚植传统精神，增强文化自信。

"重视中国传统文化的传承与创新，守护好中华文脉"，非物质文化遗产是一个国家和民族历史文化成就的重要标志，是中华优秀传统文化的重要组成部分。本教材以故宫博物院与上海博物馆传承的"北京派"青铜器修复技艺南北两脉为主线，梳理其技艺特点与传承脉络，并结合现代文物保护理念与科技，编制适合青铜器修复及复制技艺教学的课程内容，用以培养非遗人才，使之成为一门具有中国特色的非物质文化遗产传统技艺。

目录

1 第一章　青铜器修复与复制概述
2　　第一节　青铜器保护与修复概述
2　　　　一、青铜器保护与修复的意义
5　　　　二、青铜器保护与修复的目的与原则
7　　第二节　青铜器复制概述
8　　　　一、青铜器复制目的
8　　　　二、青铜器复制要求与方法
9　　第三节　中国青铜器修复与复制简史
9　　　　一、功能性阶段
13　　　　二、尚古性阶段
17　　　　三、利益性阶段
25　　　　四、科学性阶段

28 第二章　青铜器修复的设备和工具
29　　第一节　青铜器修复工作室的基础设备
29　　　　一、光照
30　　　　二、温度与湿度
30　　　　三、用水
30　　　　四、通风
31　　　　五、除尘
31　　　　六、化学药品管理
32　　第二节　青铜器修复的设备与工具
32　　　　一、修复工作台
32　　　　二、显微设备

32	三、摄影设备
32	四、清洗设备
33	五、电动工具
33	六、手动工具

34　第三章　中国古代青铜器的认知

36	第一节　中国古代青铜器的器型分类
37	一、食器
40	二、酒器
45	三、盥水器
46	四、乐器
48	五、兵器
53	六、工具
53	七、杂器
55	第二节　中国古代青铜器的时代特征
57	一、萌生期青铜器
57	二、育成期青铜器
57	三、鼎盛期青铜器
57	四、转变期青铜器
58	五、更新期青铜器
58	六、衰退期青铜器
58	第三节　中国古代青铜器的制造工艺
58	一、铸造成型
63	二、塑性成型
65	第四节　中国古代青铜器的纹饰分类
66	一、解读青铜器纹饰的意义
67	二、青铜器纹饰的分类与定名
72	三、青铜器纹饰图形的特点与规律
75	四、纹饰的装饰艺术

87　第四章　青铜器现状调查与修复方案设计

88	第一节　青铜器的病害
90	第二节　青铜器科技检测与分析
91	一、青铜文物本体及病害的微观形貌观察

93		二、青铜文物内部结构揭示
95		三、青铜器锈蚀层物相分析
96		四、青铜器本体及病害的元素组成分析
97		五、青铜器年代分析
99	第三节	青铜器修复方案及修复档案编写
99		一、建立修复档案
99		二、编写修复方案
104	**第五章**	**青铜器保护与修复流程**
105	第一节	清理与除锈
105		一、锈蚀的分类
121	第二节	缓蚀
122		一、缓蚀处理操作方法
123		二、缓蚀处理注意事项
123	第三节	封护
125	第四节	矫形
128	第五节	拼接
128		一、钎焊
130		二、粘接
130		三、铆合接
131		四、辅助连接
133	第六节	补配
133		一、旧铜补配
133		二、铸造补配
135		三、铜材捶揲錾刻补配
135		四、代用材料补配
135		五、三维打印补配
137	第七节	着色
139		一、化学着色
140		二、颜料作色
144	**第六章**	**青铜器复制方法与基本流程**
145	第一节	青铜器复制的方法
145		一、泥型铸造

145	二、翻砂铸造
145	三、熔模铸造
147	四、快速成型法
152	第二节　现代熔模（失蜡）复制青铜器的基本流程
153	一、塑形
154	二、雕刻
158	三、模具
162	四、失蜡法铸造青铜器
166	五、修整
167	六、着色

172	**第七章　青铜器保存环境调控**
173	第一节　温湿度
175	第二节　空气污染
176	第三节　氯离子
176	第四节　有机酸
177	第五节　光照
177	第六节　微生物
178	第七节　复合材质青铜器的保存

180	**第八章　青铜器修复及复制案例**
181	案例一：商中期兽面纹壶的铸造补配修复
186	案例二：商晚期兽面纹斝的补配修复
192	案例三：石膏分型模具的制作
196	案例四：青铜鼎的制作

| 202 | **参考文献** |

| 205 | **后记** |

第一章
青铜器修复与复制概述

青铜是纯铜加入其他金属形成的合金。中国古代青铜主要是指铜与锡、铅组成的二元合金或三元合金。中国青铜器制造技艺从萌芽走向成熟，也意味着华夏文明从石器时代进入全盛的青铜时代。文献资料与考古发现证明，约公元前三千年，在青铜器制造技术启蒙之时，青铜器的修复技术也随之出现，其应用范围与工艺特性伴随着青铜器功能性改变而不断发展，并对后世相关工艺的发展产生极其深远的影响。

第一节 青铜器保护与修复概述

无论是距今五千年的甘肃东乡林家马家窑文化遗址发现的目前已知中国最早的青铜小刀，还是结构复杂、通体纹饰的青铜礼器，它们的出现都体现出当时的手工艺水平、科技能力、历史文化、社会关系、意识形态、宗教信仰等情况。这也意味着青铜器在青铜时代是权力和财富的象征。因此，中国古代青铜器自身所具有的历史价值、艺术价值、科学价值和经济价值是其他器物不可取代的。

任何材料的文物（包括青铜器）都会受到各种外界环境因素的长期作用，引起或者加速物质材料自身的一系列物理、化学变化，从而改变文物材料的结构和性能，甚至毁灭文物。这种质变与损毁是不可逆转的。大部分青铜文物在制造、埋藏、流传和保存的过程中都会历经各种自然或人为的浩劫以及青铜材质自身的电偶腐蚀等因素，从而出现残缺、断裂、裂隙、变形、腐蚀、矿化等病害，这些病害会对青铜器本身及其所携带的各种信息造成不同程度的破坏。因此，青铜器保护与修复是现代博物馆藏品管理中不可或缺的工作。

一、青铜器保护与修复的意义

青铜器的保护与修复是指根据青铜文物材质本身在流传和保存过程中的变化，运用安全的科技方法与现代管理手段，对青铜文物的病害进行的预防、保护与修复。其中，保护与修复既紧密联系，又是不同情况与需求下人们所采取的不同程度与范围的技术方法。

"修"最早见于甲骨文，其本义指装饰，后引申指修理、整治。现代汉语中对"修复"一词的解释是：修理使恢复完整。早在1777年，皮德罗·爱德华兹（Pietro Edwards）在负责管理威尼斯艺术品翻新的过程中，撰写了《修复规范》（*Capitolato*）一书，以防止画师们对画作过度修复。书中一些如今看来很普及的文物保护观念，在当时却是非常超前的想法。苏联博物馆学专家 M.B. 法尔马考夫斯基（Мстислав Владимирович фармаковский）认为，"修复"一词，发源于拉丁文"restauro"，意思是"把某物还原"。由这个词而产生的"restoration"，意思是"恢复原状"。1963年，意大利思想家萨莱·布兰迪（Cesare Brandi）[1]在《文物修复理论》（Theory of Restoration）中将"修复"定义为："修复经由认识到艺术作品的物质性存在和其美学、历史的两极性质，并考虑将其向未来传承的方法论环节形成。"[2]

"保护"（conservation），意味着采取一切措施，消除对现有保存不利的内外因素，使之能真正保存下去。这种语义更多地体现在汉字"护"上。该字源于商朝民众歌颂商汤灭夏桀，救民于水火的颂歌《護》，故为音字旁。《春秋繁露·楚庄王》[3]中就此写道："護者，救也。"

当"護"演变为繁体的"護"时，《说文解字》[4]的解释是"護，救视也"。"救，止也"，即"護"意味着因防止、阻止不利因素而达成的"救"，和英文的含义一致。"護"改成简体字时，采用了双手拱卫门户的构字法，更形象贴切地突出了防止、阻止不利因素的语义。

国外学者伯耐德·M.费尔登（Bernard Melchior Feilden）在《世界文化遗产地管理指南》中解释道：修复文物就是复活文物的原来概念或清晰度，恢复文物的细目和特征。"文物修复"一词应专指对破损变质文物的修理、复原过程。文物修复是保护文物和利用文物不可缺少的重要手段。简而言之，青铜器修复就是对残损青铜文物的修整与复原。

在过去较长的一段时间里，"保护"与"修复"的概念与界限是较为模糊的，传统修复与科技保护在方式和观念上存在一些分歧。

20世纪下半叶，现代文保界逐渐对文物"保护"与"修复"进行了重新定义。"保护"和"修复"都包含在广义的"大保护"概念里，但从狭义上讲，它们是文物保护领域两个不同的阶段。在文物保护学科定义中，"保护"和"修复"的意义有显著区别。

（一）"大保护"概念的含义

"大保护"有两个方面含义：第一，控制环境，预防对藏品和标本的损害；第二，使已经受损害的文物处于稳定状态，以防止发生进一步损害。"修复"则是"大保护"概念中第二个含义的延续，当预防保护处理显得不足时，修复才成为藏

---

1 萨莱·布兰迪（1906—1988）是意大利文物与艺术保护专家、艺术评论家。作为20世纪文物修复的意大利派代表人物，其关于文物修复的理论论述对现代文化遗产保护理论的形成起到了奠基作用。
2 布兰迪的这个修复概念已经在国内许多学者的文章中被多次或以多种翻译形式提及。
3 《春秋繁露》为西汉学者董仲舒所作。《春秋繁露》发挥《春秋》经学之旨，阐述阴阳五行、天人合一的政治道德观。
4 《说文解字》，简称《说文》，是由东汉经学家、文字学家许慎编著的语文工具书，是中国乃至世界第一部字典、中国最早的系统分析汉字字形和考究字源的语文辞书，被誉为"天下第一种书"。

品达到延长文物保存寿命、能够保持陈列状态的目的与措施。

（二）"大保护"的阶段

依据两个方面含义，文物"保护"与"修复"大致可分为预防性保护、保养性保护、修复性保护三个阶段。

1. 预防性保护，指的是对文物保存环境实施有效监控，使环境处于有利于文物保护的状态，增强对珍贵文物的风险预控能力，最大限度地防止或减缓环境因素对文物材料的破坏作用，这是预防性保护珍贵文物的关键。"预防性保护"概念的首次提出，是在1930年意大利罗马召开的关于艺术品保护的国际研讨会上。会议在国际范围内达成了文物科学保护的共识，对文物保护具有里程碑意义。预防性保护做得好，文物保护人员就能尽量少地对文物本体进行修复，文物也就能最低程度地受到伤害，文物保存寿命就能尽可能地延长，文物保护事业就会事半功倍。

2. 保养性保护，指的是日常对文物本体的养护，维护已经受损害的文物并使其处于稳定状态，防止发生进一步损害。

3. 修复性保护，则是对文物本体进行修补、复原等，是"大保护"概念中最后实施的步骤。

这三个阶段对文物来说既是递进又是平行的，没有规定的前后顺序，要具体情况具体分析。例如，对一件破碎的青铜器来说，可能首先要进行的是修复性保护，其后才是预防性保护和保养性保护；而对完好的青铜器来说，预防性保护和保养性保护更为重要。

青铜文物资源利用期限的长久性与古代青铜物质材料存在期限的有限性存在不可调和的矛盾。对这一矛盾的内在规律进行探究并加以解决，正是开展保护与修复工作的意义所在。具体而言，这项工作的意义可以概括为如下几个方面。

1. 实施的意义

青铜器是前人留给我们的一笔巨大财富，在经济和精神文明建设中具有重要地位，只有通过保护与修复，才能最大限度地延长青铜文物的寿命，发挥文物的价值，为保留中华优秀文化遗产与弘扬民族自信建设做出贡献。

2. 研究的意义

通过对青铜器保护与修复技术的研究，科学地分辨与剖析各种状态下青铜器的病害机理及病害变化规律，为制定与实施安全可靠的保护与修复方式提供最为可靠的科学依据与措施。

3. 融合的意义

从技术融合的角度看，青铜器的保护与修复是实践性很强的综合科学。它是现代文物保护领域的一个重要组成部分。青铜器在保护、修复过程中涉及清洗、除锈、矫形、制模、铸造、拼接、补配、雕刻、着色等十余道步骤与工序。这不仅是一门复杂的技艺，而且融合了历史、艺术、材料、化学、仪器分析等综合性跨学科知识与技术，是多学科融合的体现。

4. 传承的意义

中国青铜器制造从启蒙到成熟的过程，展现了中国青铜时代辉煌的发展。而伴随着青铜器制造技术一起发展的中国传统青铜器修复技艺作为中国特有传统工艺，是中国非物质文化遗产的组成部分。其修复技艺本身的有序传承对保存和传承中华优秀文化遗产有着重要意义。每一代传承人都秉持着一份对职业的敬畏和热爱，拥有对每件文物、每道修复工序都追求极致的职业品质，在传统的基础上不断融会贯通、推陈出新，使这门技艺始终保持着活力，为大量古代青铜文物的保存、欣赏和研究做出了贡献。

二、青铜器保护与修复的目的与原则

青铜器所携带的信息对当今所进行的生产活动和科学研究来说，是极有价值的资料。要使这些有价值的资料能长久地为人类文明的发展服务，首先必须保护好其物质形态载体。在保护与修复的过程中必须明确相关目的与原则。

（一）青铜器保护与修复目的

青铜器保护与修复目的就是在不干扰文物基本信息的情况下最大程度地消除和抑制青铜器材料与结构的病害问题，延长文物寿命，尽可能恢复其历史原貌；提升青铜器的艺术、历史和科学研究价值；满足藏品被长期保存和利用的需求。

（二）青铜器保护与修复原则

中国青铜器修复作为一门古老的技艺，在自身的发展过程中形成了完整的理念与方法，与欧洲现代文物修复理念与原则存在共性与差异。

1. 传统青铜器保护与修复原则

传统青铜器修复技艺是指经世代传承，对青铜器的修复行之有效的技艺。这些技艺历经百年传承与发展，形成了独立的工艺流程与传承体系，是我国传统工艺中一个重要的组成部分。

传统青铜器的修复技术源于弥补青铜器在制作过程中产生的缺陷而采取的修补方法，是附属于器物制造工艺的衍生工艺。随着青铜时代的结束，青铜器从最初的功能器物到帝王收藏赏玩之物，再到海内外古董商业的牟利工具，其根本性质发生了改变。青铜器修复这项技术也由于其操作方法、工序流程、材料应用的共性，而一度成为青铜器复制与作伪技术的一部分，在不同地域形成了各具特色的流派。在市场需求的驱使下，追求视觉与质感的以假乱真成为当时的修复标准，也使得"完美修复"的技艺在这个时期得到了长足发展。1949年后，各流派传人纷纷入职各大省市文物收藏机构，青铜器修复技艺真正成为一项独立的为国家收藏机构服务的岗位工作，在遵循"修旧如旧"的原则下，不可辨识性的"完美修复"成为中国传统青铜器修复技艺的最高标准。

2. 现代青铜器保护与修复原则

1964 年通过的《国际古迹保护与修复宪章》(*INTERNATIONAL CHARTER FOR THE CONSERVATION AND RESTORATION OF MONUMENTS AND SITES*，以下简称《威尼斯宪章》)是保护文物建筑及历史地段的国际原则。中国参照《威尼斯宪章》为代表的国际文物保护原则，制定了《中国文物古迹保护准则》(以下简称《准则》)。《准则》以不可移动的实物遗存保护为主要阐释对象，其中的很多条款可直接作为馆藏青铜文物的保护原则。

"不改变文物原状"是现代文物科学保护与修复的基本原则。在西方文物保护修复界，最早的理论研究形成于 20 世纪中叶。1963 年，布兰迪在《文物修复理论》中说道："修复应重建艺术品的潜在意义，尽可能不要造成历史赝品或艺术赝品，不要抹去任何历史痕迹。"他提出的以"不改变文物的原状"为核心的文物保护修复理论包括最小干预性、修复过程可逆性、可识别性修复等原则。这也代表了西方文物修复保护的主流观点。

《威尼斯宪章》强调指出，修复是一种高度专业性的工作。其目的在于保存和展示古迹的美学和历史价值，并以尊重历史材料和确凿文献为依据。一旦出现臆测必须立即予以停止。任何不可避免的添加都必须与该器物（建筑）的构成有所区别，并且必须有标记。无论在任何情况下，修复之前及之后必须对古迹进行考古及历史研究。当必须采取现代技术加固古迹时，要有科学数据，并经过实验证明有效。缺失部分的修补必须与整体保持和谐，但必须同时区别于原件，以使修复不歪曲其艺术和历史见证。

我国 2017 年的《中华人民共和国文物保护法》中第四章明确规定："修复馆藏文物，不得改变馆藏文物的原状。"

综合多种观点，现代青铜器修复的主要原则可归纳为如下几点。

（1）保持文物的历史真实性和艺术性

根据历史证据和文献资料进行残缺修补，在进行修补前必须对其艺术风格进行研究，确保修补后能体现该文物的原始风貌，绝不能凭主观想象去臆造或创造。

（2）最小干预性

对文物来说，任何修复行为，都是对它的一种干预。在保证文物结构稳定的基础上，尽可能地不去添加人为的修补，尽可能多地保留原件及原有结构位置，将人为添加部分控制在影响器物力学结构稳定性等最有必要修补的地方。

（3）最大程度可逆性（可再处理性）

随着科学技术的发展，更安全有效的文物修复保护方法会不断出现，现在所选用的材料与修复方法都可能会有更好的材料与解决的办法替换。因此，可逆性原则显得尤为重要。由于文物本身质地与病害程度的不同，其修复的可逆程度也略有差异。因此在青铜器修复过程中，采用的方法、选材都应该充分考虑到最大程度的可逆性，即修补部位易于拆除与尽量恢复到修复前的状态，而不影响和损坏文物的原始材料，不干扰以后的再次修复保护等再处理工作。此外，可逆性原则还允许我们在修补过程中有随时纠正错误的机会。

（4）兼容性

文物修补所使用的材料必须是兼容的产品。选用的材料同艺术品的原材料及其病变程度要相适应，原材料与被选材料在物理、化学等性能上必须是相接近的，不能因为修补的新材料而改变和破坏文物的原材料，从而对文物造成新的损害。

（5）安全耐久性

修复过程中选用的方法与材料，在遵循可逆性原则的同时，更应该考虑其安全性与稳定性，使得修复保护后的文物在没有更安全的材料和方法替换之前，有利于被长期保存。

（6）可辨识性

修补部位所采用的工艺与效果，应根据原件特性，尽可能接近原材料、原工艺，但还应该把握可辨识性的度，做到"远看一致、近观有别"，既要区分出原始与修补部分的区别，又不能因为这种区别反差过大而破坏整体艺术品的观赏性和完整性。

思考题

1. 青铜器修复与保护的概念与区别是什么？
2. 青铜器修复与保护的原则是什么？
3. 不同时期青铜器修复目的与性质为何？又有何变化？

第二节　青铜器复制概述

博物馆藏品文物的复制是指为利于藏品的保存、研究与展陈，博物馆依照藏品原件的体量、形制、纹饰、质地等原状，基本采用原技艺方法和工作流程，制作与原藏品相同形态制品的活动。

青铜器复制的历史可以追溯到先秦时代的古器物仿造业。现在很多收藏机构都保存着大量前人的青铜复制品，其中包括宋、元、明、清时代复制和仿制的先秦青铜器。这些复制品反映了当时精湛高超的复制工艺，也已成为珍贵的历史文化遗产。随着社会需求与行业发展，青铜器复制技术日臻成熟，并逐渐形成自己独特的复制技艺体系。

一、青铜器复制目的

《韩非子·说林》[5]对中国最早的青铜器辨伪事件做了详细讲述。事件围绕一件青铜器复制品"谗鼎"展开。由此可见，青铜器复制可以追溯到东周时期甚至更早，且意义重大，甚至关乎平息战争，维系国家之间和平稳定。而随着青铜器在社会地位与使用方式上的转变，青铜器复制的目的也逐渐走向尚古与牟利。

如今，青铜器复制已然成为博物馆藏品保管工作重要的组成部分，是现代文物保护和修复中不可或缺的门类。复制目的主要包括以下几点。

（一）保护目的：复制品能够加强对脆弱青铜文物的保护，减缓文物的自然老化，补充藏品展陈，确保研究工作的开展。复制品应尽量近似原文物，不随意增减变动，保证高品质和真实感；如果原文物因为意外损毁，复制品也可成为足资参考的珍贵资料。

（二）认识目的：对珍贵的青铜器进行复制，能够让更多的人从不同角度了解文物背后不同时代的历史，展现当时现实生活的真实场景，凸显不同民族的文明及精神，使人们获得丰富的社会历史和生活知识，并从中得到有益的启示，开阔眼界，弥补阅历的不足。

（三）研究目的：青铜器复制本身就是对文化遗物的全面研究过程。通过复制，人们可以研究藏品文物的成分结构、制作工艺，复原古代社会的工艺水平，探寻中国古代科技发展的脉络等。这不仅是科学研究的重要资料，同时也是实验考古学的一种手段，更是藏品研究的深化与总结成果的微观体现。

（四）教育目的：文物复制品（包括青铜器复制品）具有积极的教育功能。许多专业类或综合类院校将艺术复制品作为最好的教材。学生通过实践，对先人的装饰风格与技术进行复制临摹，能够深刻领悟到中华艺术的博大精深。

（五）经济目的：青铜器复制品作为一种特殊的商品，它所具有的使用价值体现在它的文物属性上。复制品有助于文创衍生品开发，参与市场经济活动，扩大文化的传播和接受范围，提高消费者的艺术修养和审美水平。

二、青铜器复制要求与方法

青铜器复制品必须忠实于文物原件。对适用于展陈的一般复制品，复制要求在形制、内容、色彩、视觉质感与完残程度等方面，均与原件保持一致。高标准的青铜器复制品，除应做到外观一致外，还必须在质地成分、物理性能、触觉手感，甚至听觉嗅觉等方面与原件基本相同。对文物原件残缺，而又需恢复原状的复制品，补缺必须有充分的科学复原依据，不能随意创造。复制过程中，必须确保文物安全

5　《韩非子·说林》是战国末期著名思想家、法家代表人物韩非子的著作。

无损。复制品都应给予标注,避免真伪混淆。

青铜器复制的方法和工艺可以分为两类:一类是复制原藏品外观,可采用现代制作工艺和方法完成实施;另一类要求完全遵循古法,不仅要从外观上模仿原藏品,还要从技术上模仿原藏品的制作条件和方法。

思考题

1. 青铜器复制与保护的目的与要求。

第三节 中国青铜器修复与复制简史

中国青铜器修复与复制是一门古老的传统技艺,也是现代文物保护中不可或缺的门类。要追溯中国古代青铜器修复与复制的历史,首先要分清青铜器的"修复""复制"与"仿制"这三者的区别。[6]

在《现代汉语词典》中,这三个词分别有不同的定义。"修复":修理使恢复完整。"复制":依照原件制作成同样的。"仿制":仿造。由此显而易见,三者在工作性质上有本质的区别。修复是一种基于本体的恢复性工作。其核心是在恢复工作的同时必须重视本体的真实性,不能凭主观想象改变原物的面貌。复制、仿制虽都是本体外的模仿,但复制要求不改变原物形制和文化内涵,而仿制一般是指模仿原作的外观或特征,模仿要求低于复制。然而在现实中,这三者在操作方法、工序流程、材料应用甚至操作者的人设上有着共性,使得追溯青铜器修复与复制的历史、发展以及与后者的关系,就变得有些界限模糊。

古代青铜器的功能随着时代的进步而不断变化,不同时期青铜器保护与修复的性质也随之发生着改变。中国青铜器的修复与复制的目的与性质,主要表现为四个阶段,它们分别是:功能性阶段、尚古性阶段、利益性阶段、科学性阶段。这四个阶段在不同的时期既有因果与承接关系,又各自并行延续与发展。

一、功能性阶段

从历史与考古实物的角度看,满足功能性的修复是青铜器修复最早期的目的。现在定义的"文物"在当时是作为实用物品而创造与制造的。因此,早期青铜器修复技术也是附属于当时相关工艺的衍生恢复性工艺。且大部分最初的青铜器修复技

---

6 莫鹏:《中国青铜器修复技术源流刍议》,《中国博物馆》1998年第3期。

术都源于对制作过程中产生了缺陷而实施补救的方法,以及对某些器物进行改制而产生的工艺。

目前的考古研究证实,二里头遗址出土的斝、爵等是中国最早的青铜容器,从平面铸件到立体容器的发展,标志着青铜范铸技术正逐步成熟。而器物胎质轻薄,整治不精,以及由于早期范铸技术不稳定而产生的铸造缺陷,则是这一时期青铜器的特点。当时人们出于某种原因,对于这些存在铸造缺陷的青铜器并没有选择重新铸造,而采用了二次铸补的技术来修复这些青铜铸造缺陷。铸补技术是最早期的应用在青铜器修复上的方法之一。[7] 由此也可以看出,中国古代青铜器的修复技艺是伴随着中国最早期青铜器物一起进入青铜时代的,例如上海博物馆藏夏代晚期云纹鼎(图1-1),立耳折沿、鼓腹圆底,口下饰宽条勾曲云纹。在鼎身与鼎足处可以看到两处明显的凸起铸补修复痕迹,甚至连铸补痕迹上的浇口都未被打磨掉。更有甚者,1996年郑州南顺城街窖藏出土的一件商中期兽面纹方鼎(图1-2),通体上下竟有十处明显而粗糙的铸补修复痕迹,足见在技术还不成熟的商早期,铸造大型青铜器难度与成本极大,以至于有十余处铸造瑕疵也没有回炉重铸,而是采用局部修复的方法。铸补修复工艺的出现挽救了不少濒于报废的青铜器。

纵观中国整个青铜时代,在使用范铸法铸造青铜器的过程中依然存在各种各样不可预测的铸造缺陷。浇铸系统设计的合理性、内外范的收缩变形程度、合范的精确性等等,每一个步骤、每一处细节都会影响到完美铸造的概率。因此,这项最早出现的修复技艺——铸补成为贯穿整个青铜时代不可缺少的青铜器修复技术。

铸补技术的日趋成熟为后期铸接的形成积累了经验。铸接,青铜器分先后铸造,先铸成的部件放到后铸部件的陶范内,在浇铸后铸部件时,连接成完整器物的铸造方法。湖北黄陂盘龙城出土商中期斝的鋬就以铸接方式与器身连接(图1-3)。斝鋬与器身连接的内外端均可见类似铸

图1-1　夏代晚期云纹鼎

图1-2　商中期兽面纹方鼎

---

[7] 董子俊、翟慧萍、杨相宏、张亚炜:《初探青铜器的补铸与套铸工艺》,《文物鉴定与鉴赏》,2019年第8期。

补的铜液外溢痕迹。[8] 同样，北京故宫博物院1956年入藏的一件商晚期传簋（图1-4），口沿部位有二次铸补痕迹，此处原本粗糙的铸补被铸出一条龙纹，内外呼应，浑然一体，成为装饰性铸补的案例。

随着铸造工艺的成熟与进步，为满足青铜器不同部位与功能的修复需求，铸补的工艺也出现了随机应变的趋势。山西博物院收藏的一件石楼县后兰家沟出土商代蛇首扁柄斗（图1-5），扁而薄的长柄中间有着明显的包裹式的铸补痕迹，显然当时是通过二次铸造来补接断裂的斗柄。同样，山西博物院收藏晋侯墓出土的春秋波曲纹方甗（图1-6），其甑部的器壁上就留有内外两处补铸留下的补丁，外侧补丁呈"工"形，内侧补丁呈S形，虽内外补丁形状不同，但是二者通过器身上人为开设在裂缝周围的六个小孔内外对应，通过铸补将内外补丁紧紧连接在一起，修复了原器上的裂缝。

随着铸补技术的成熟，焊接技术在实践中得到应用。现有研究显示，商晚期开始出现铸焊技术，这是一种把分别铸造完成的部件用其他合金连接在一起的制造工艺及技术。如春秋早期的虢国墓地M2012出土的两件方壶，耳部焊料分别含铅91.7%和97%，延庆军都山山戎文化墓地出土青铜罍耳部焊料含铅100%。铸焊技术起源于青铜器的铸补，其早期运用都是作为普通浇铸活动的一部分。

图1-3 商中期斝的鋬的铸接方式

图1-4 商晚期传簋

除了采用铸造技术修复以外，秦汉时期铆接修复方法的出现，是青铜器修复技术从"热补"到"冷修"的转变。修复流程、材料和技术的改变，使得修复青铜器技术不再局限于具备熔炼设备的铸造工坊。使用者可以根据不同形制、厚薄、成本的青铜器选择不同修复方式，甚至可能会衍生新的职业（图1-7）。修复技术的不断进步以及青铜器使用规制的变化，使得"青铜器修复"的应用范围已不局限于"补"。湖北省博物馆收藏的战国早期曾侯乙尊盘（图1-8）以其装饰与工艺纷繁复杂著称于世。盘腹刻有"曾侯乙作持用终"的七字铭文，意为：曾国王侯"乙"

---

8 刘煜：《试论殷墟青铜器的分铸技术》，《中原文物》2018年第5期。

永久享用。然而盘内铭文处有三处打磨痕迹,而"乙"字则是在打磨后又补刻上去的,打磨痕迹清晰可辨,改制之前的铭文内容应该指的是曾侯乙的祖辈曾侯。

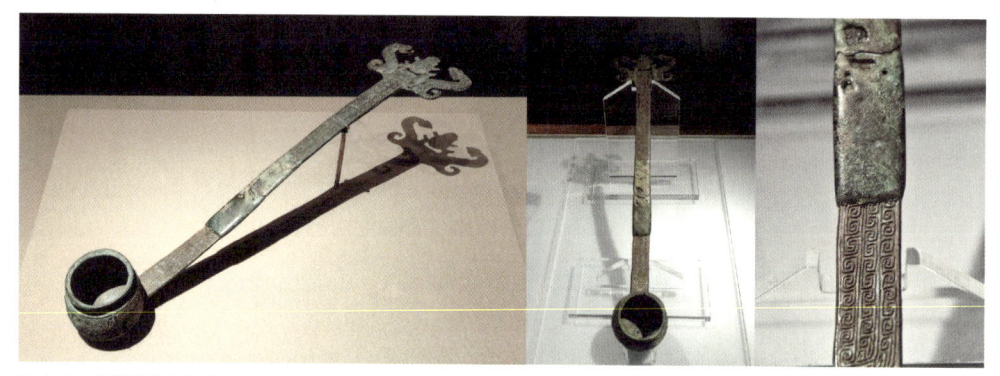

图1-5 商代蛇首扁柄斗

图1-6 山西晋侯墓出土的方甗

从"修复"到"改制",从青铜时代初期到晚期,满足功能性需求的青铜器修复技术的应用范围伴随着青铜器制造和使用共同变化与发展,并随着青铜器作为日用品的普及而不断市场化。

图1-7 采用铆接技术修补的汉代青铜壶

图1-8 战国早期曾侯乙尊盘上"曾侯乙"铭文

二、尚古性阶段

唐代青铜采矿、冶炼与铸造工艺得到长足发展。在金、银、铜、铁、铅、锡六种重金属矿业得到全面开发,开采量逐年增长的同时,从事矿冶业生产的人口也显著增加。铜矿的开采由朝廷设监、冶、坑、场等机构专门管理,监、冶、场内的居民被称为"冶户",基本从事金属冶炼业。金属的冶炼也带动了金属器物的生产与加工,出现了官办专门复(仿)制青铜器的作坊。北京故宫博物院藏唐代青铜觯,其整体造型仿西周青铜觯,但铜质和细部花纹仍有唐代风格。真正成规模的复(仿)制青铜器还是从北宋开始。金石学是中国考古学的前身,形成于北宋时期,欧阳修是金石学的开创者。《金石录》[9]最早出现"金石"一词。金石学是以古代青铜器和石刻碑碣为主要研究对象的一门学科,偏重于著录和考证文字资料,以达到证经补史的目的。宋王朝的金石尚古之风对中国后世具有深远的影响。

北宋早期在修订礼典制度过程中,崇尚复古,稽考先秦礼制。宋徽宗大观初年(1107),设置议礼局"诏求天下古器,更制尊、爵、鼎、彝之属"[10],标志着宋代官方大规模复(仿)制青铜器的开始。由于朝廷"诏求天下古器",因此全国各地盗掘古墓成风,商周青铜器的出土日益增多。新发现的古青铜器并未悉数进入宫廷,

---

9 宋代赵明诚所著《金石录》共30卷。《金石录》著录其所见从上古三代至隋唐五代以来,钟鼎彝器的铭文款识和碑铭墓志等石刻文字,是中国最早的金石目录和研究专著之一。

10 《宋史·礼志二》。"廿四史"中以"礼书""礼仪志"或"礼治"等方式记载礼的专篇共56卷,《宋史·礼志》为28卷,占了其中一半。

大量流入民间，通过修复后进行供需交易，从而出现了古物市场。叶梦得在《避暑录话》[11]中记载："宣和间内府尚古器……而好事者复争寻求，不较重价，一器有直千缗者。"一些人或出于玩赏的目的，或出于研究的要求，开始对古青铜器加以收藏。《考古图》[12]列宋人收藏者，有河南文潞公、庐江李伯时等30余家。但当时最大的收藏者还是徽宗皇帝，他收集的古青铜器达2.5万多件，特建宣和殿收藏，这是一所世界上最早、藏品最丰富的"青铜器博物馆"。在拥有大量实物青铜器的基础上，宫廷开始大规模修复与复（仿）制青铜器，以用于皇家的祭祀活动和宫廷内的演奏。这类铜器着力于仿古，而很少作伪。不过，这些铜器却因连年的战火，大多流失。故宫博物院收藏的宣和三年尊（图1-9）[13]、大晟钟（图1-10）[14]和政和鼎[15]（图1-11）等宋仿铜器是目前存世具有代表性的器物。

图1-9　北宋宣和三年尊 　　　图1-10　北宋政和三年大晟钟 　　　图1-11　北宋政和六年政和鼎

总的来看，宋代宫廷复（仿）制青铜器非常注重复古形制，制作精良，往往不计成本。器物上还铸有铭文，有迹可循，有史可查。正如赵佶在政和三年七月乙亥的诏书里所要求的，"可于编类御笔所置礼制局，讨论古今沿革，具画来上。朕将

11　《避暑录话》由北宋末年叶梦得所撰，多记北宋时期的朝野杂事，考证经史、地理、诗文、典章制度等方面内容。
12　北宋吕大临元祐七年（1092年）著成《考古图》。《考古图》是一部金文著录，全书共十卷，比较系统地著录了当时宫廷和私家收藏的古代铜器、玉器。卷一至卷六为鼎、鬲、簋、爵等商周器，对每件器都精细地摹绘图形、款识，记录尺寸、容量、重量等，并尽可能地注明出土地和收藏处。
13　宣和三年尊是一件宋代官仿礼器。侈口，圈足，足下饰仰叶纹，颈部饰蚕纹，腹上与圈足饰兽面纹，以云雷纹填地。形制是参照《宣和博古图》著录的"商祖戊尊"。尊内底铸铭文26字："唯宣和三年正月辛丑，皇帝考古作山尊，于方泽，其万年永保用。"由此可知该尊是陈设在方泽坛上的礼器。
14　大晟钟是宋徽宗所制新乐——大晟乐里的编钟。该编钟是由宋徽宗崇宁四年（1105）设立的乐器制造所和泻务司仿照当时新出土的春秋晚期宋公戌钟制作。大晟钟作为宋徽宗重制"新乐"里的重要乐器，曾于政和三年（1113）被演奏过。欧阳修《集古录跋尾》还说到，宋太祖时，王朴善铸编钟，能与周代铜钟形状一样。显然，宋代颇不乏精于仿古的高手。
15　北宋政和鼎铸于宋徽宗政和六年（1116），为徽宗赐予宠臣童贯作为家庙祭祀之器。全器器型、纹饰仿商代铜鼎形制，器内铭文采用西周赏赐铭文体例，体现了宋代复兴上古三代礼制的意图，现收藏于北京故宫博物院。

亲览，参酌其宜，蔽自朕志，断之必行，革千古之陋，以成一代之典，庶几先王，垂法后世"。[16] 这正是宫廷复（仿）制青铜器的初衷，也是宋代统治者以尚古之心铸就礼仪之器的具体体现。宋代以国家层面带动的大规模复制青铜器的开始，标志着青铜器修复及复制技艺开始向市场化、职业化发展。

元代，朝廷机构中设有"出蜡局"，负责掌管出蜡铸造工匠，复制铸造金属器，其所生产的祭礼器仍循商周旧制。尚古之风再度兴起是出现在清代乾嘉时期。清王朝从入主中原至清中晚期，经历了一个在生活方式、社会制度、语言文字、价值观念等方面全方位吸收汉文化的过程。乾隆时期，疆域一统，经济发展。乾隆帝大力提倡文治，"帝王敷治，文教是先"。乾嘉学者更提倡以古为尚，直接影响了这一时期的审美趣味。乾隆年间仿《宣和博古图》编纂宫廷收藏古器 1436 件为《西清古鉴》[17]40 卷，复出《西清续鉴》2 卷，后又出《宁寿鉴古》16 卷，这 3 部书对推动宫廷和权贵们的青铜器收藏之风起了很大的作用。这个时期也是公认的中国历史上收藏高潮时期，经济发达，文物购藏活动十分活跃，青铜器修复的需求也在这时期得到充分迎合。不过早期青铜器大都由贵族收藏，民间流散较少，文物信息资源少，民间在制造仿古青铜器时大多参考古籍著录上的线描图像及铭文重新制器，由于古籍线描写生稿水平参差不齐，不少有变形现象，因此按图仿制成的青铜器往往纹饰比例失调（图 1-12）。

在尚古思潮下收藏古代青铜器的同时，一系列基于保护青铜器、满足出土青铜器表面稳定性与保存完整性的传统保护技术逐渐成熟。与现代文保理念中的保护概念相比，这一时期传统青铜器的保护包含在修复与收藏范畴内，对青铜器采取较小程度的干扰，而产生的技术和保存方法，主要包括制作熟坑铜器与定制囊匣。

图 1-12 商晚期兽面纹分裆鼎（上）、明代仿商周兽面纹分裆鼎（下）

（一）熟坑铜器

熟坑是传统金石收藏界的专业术语。真正意义上的熟坑是人为制作的产物，是早期青铜器拥有者为了防止带有青铜病害的出土"生坑"青铜器继续锈蚀，而采取的表面封护保护措施。方

---

16 秦缃业、黄以周等辑：《续资治通鉴长编拾补》卷三十二，上海古籍出版社，2006，第 364 页。
17 梁诗正等奉敕纂修的《西清古鉴》共 40 卷。这是一部著录清代宫廷所藏古代青铜器的大型谱录，收商周至唐代铜器 1529 件，而以商周彝器为多，于乾隆二十年（1755）完书。

法一般是在器物上通体涂抹加热的蜂蜡与石蜡，形成封护层，以有效阻断青铜器主体与氧、水分、氯化物的接触，使得熟坑青铜器处于一种封闭稳定的状态。不过这种方法产生的蜡膜过厚，因此经过封护保护的熟坑青铜器表层基本呈沉稳的褐色，外观呈现油亮的光泽。此法是明清宫廷收藏青铜器的最主要的保护方法。左图为上海博物馆收藏的经过封护保护处理过的商晚期熟坑青铜器——戍嗀卣（图 1-13）。

（二）定制囊匣

定制囊匣就是根据青铜器物的外形、大小、重量、材质与保存状态等多种因素，选用相应的材料和制作方法为每一件青铜器量身定做的包装容器（图 1-14）。

从保护文物的角度出发，不同类型的青铜器需要不同款式、不同内装结构的囊匣。传统青铜文物囊匣多采用软囊和硬囊双层盒体，具有外硬内软的组合结构。坚实的外盒可以防止外力冲击，而其内装结构的软囊设计不仅要把握青铜器的整体情况，而且要全面保护青铜器的顶盖、錾部、口沿、足部以及附件等薄弱、凸出以及有病害隐患的细微之处。每一件精工细作的文物囊匣都可以使所保护的青铜器在保管和运输过程中达到防震、防尘、防风、防晒、防潮、便于叠放等功效，从而有效地预防文物病害，延长青铜器的寿命。囊匣制作本身也具有相当高的艺术价值和文物价值。古朴、典雅、庄重的囊匣散发着中华传统艺术的美感。

具有尚古性质的青铜器修复，在邻国日本也能找到痕迹。日本正仓院收藏有一面编号为北仓 4219 号的唐代平螺钿背圆镜，镜背由夜光贝琥珀的薄片贴抚平托镶嵌成花卉，空余处填充大漆并撒有青金石、黄铜粉等碎片，华丽而珍贵。此镜在镰仓时代（1185—1333）被盗时摔碎，铜镜碎为 5 片，当时并没有修复，到了 500 年后的明治时期才正式修复，而且采用传统锔钉的方法修复，直径 27 厘米的铜镜上至今仍保留有 59 枚铜制锔钉。显然，修复后的铜镜已经不能继续使用了。锔钉修复的方法为中国传入日本，主要用在瓷器修复，在焊接已经成熟的日本明治时期，却沿用古老的锔钉法修复

图 1-13　商晚期戍嗀卣

图 1-14　为青铜文物量身定做的青铜器囊匣

古铜器，也说明当时日本对待珍贵文物收藏品的修复仍然保持着比较慎重与严谨的态度（图1-15）。

上层社会对青铜器的喜爱增加了供需市场的活跃度，也无形中加速了出于利益考虑的作伪行为的产生和发展。

图1-15 唐代平螺钿背圆镜与漆背金银平脱八角镜的修复

三、利益性阶段

霍尔巴赫曾说过："利益，是人类行动的一切动力。"[18] 从历史文献的角度看，出于利益目的的复（仿）制青铜器的事件在先秦文献中时有出现。《韩非子·说林下》说到"齐伐鲁，索谗鼎。鲁以其赝往"的事件，同样也被《吕氏春秋》收录，而且记述更为翔实。当然，《吕氏春秋》收录的立意是引用了《论语》"非信不立"的说法，推许"柳下季有信，故能存鲁君之国"。是借鼎之真赝和柳下季得体的说法，劝喻人们要善于审察时物。不过，正是这个故事中的"谗鼎"被认为是目前已知的青铜器复制作伪史的肇端。在其后的两千多年历史中，历代出于利益目的作伪器及疑伪之器层出不穷，并贯穿于整个青铜器修复及复制行业的发展中。

古董圈有句老话："唐宋为仿，元明是变，清代在改，民国是骗。"青铜器复（仿）制的技术手段与修复技术虽有相似，但性质有云泥之别。宋代王俅的《啸堂集古录》[19]里记述北宋时期，金石学兴起。而当时商周青铜器出土数量也多，见于宋代吕大临《考古图》记载的，开封便出有癸鼎、庚鼎等，韩城出有晋姜鼎，上雒出有公诚鼎，邺郡出有乙鼎等。宋徽宗时期追捧古器之风更是达到顶峰。相对宋代上层社会对青铜器不计成本的喜爱，民间则加速了作伪行为的发展。宋代赵希鹄《洞天清录集》中有"古钟鼎彝器辨"一节，曾提到伪古铜器作假色泽与假锈的方法和操作要领："其法以水银杂锡末，即今磨镜药是也。先上在新铜器上，令匀，然后以醯醋调细碙砂末，笔蘸匀上，候如腊茶之色，急入新汲水满浸，即成腊茶色。候如漆色，急入新汲水浸，

---

[18] 亨利希·梯特里希（Paul Heinrich Dietrich，1723—1789），别名保尔·昂利·霍尔巴赫，18世纪法国启蒙思想家、哲学家。

[19] 南宋王俅撰，中国宋代金石学著作，成书约后于《宣和博古图》。两卷本、著录商、周、秦、汉以来的青铜器及印、镜铭文共345器。卷中摹印各器铭文，并附楷书释文，未附图像和考证。

即成漆色。浸稍缓,即变色矣。若不入水,即成纯翠色。三者并以新布擦,令光莹。其铜腥为水银所匿,并不发露。然古铜声微而清,新铜声洪而浊,不能逃识者之鉴。"

宋周密《云烟过眼录》提及宋代铜器修复:"其间自有一种色黑而文藻精细者,往往皆宣和间礼制局依仿而造,今又见其完备,乃以为真三代器,尤为可笑。余尝得三代器之不完者,其饕餮一,羊首,莹如绿玉,其傍乃黄铜耳。盖古铸器用黄铜,岁久自然丹碧,其元质不变者正黄铜,其后乃用药烟薰染而成,殊失古意。"据此可知,铜器作伪与修复古铜器在宋代时已发展为一专门的技术。

到了明代,洪武年间学者曹昭所著《格古要论》[20],高濂撰写的《遵生八笺》卷十一《论新铸伪造》,对这种铜器做假色泽与假锈的方法记录更为具体,还出现了对古青铜器修补技术和旧器改造作伪工艺的记录。

《论新铸伪造》篇中说:"又若三代秦汉时物,或落一足,或堕一耳,或伤器体,一孔一缺者,此非伪造。近能作冷冲、热冲、冷焊、软铜冲法,古色不变。惟热冲者色较他处少黑。若用铅补并冷焊者,悉以法蜡填饰器内,以山黄泥调稠遮掩,作出土状态。此实古器,惟少周全,较之伪物远甚。又等屑凑旧器破败者,件件皆古,惟做手乃新,谓之改锹。余在京师,见有二物,一子父鼎,小而可用,花纹制度,人莫不爱。其伪法,以古壶盖作肚,屑凑古墓碎器飞龙脚焊上,以旧鼎耳作耳,造成一炉,非真正物也。一方亚虎父鼎,内外水银,无一痕纹片,初议价值百金,制在五寸,适用可玩,人争售之。余玩再三,识其因古水银方镜破碎,截为方片,四面冷焊,屑凑古炉耳脚,制成工巧,可谓精绝。余一识破,众以为然,后竟不知何去。若此做手,技妙入神。"明代张应文所撰的《清秘藏》论古铜器,还特意对青铜器修复中的"冷冲(低温钎焊)""屑凑(旧器拼凑)"做了解释。

可见这些作伪者一方面将一些断裂、破损不严重的青铜器进行"冷冲(低温钎焊)""热冲(高温焊接)""土锈"等修复工作,一方面又把破损严重且无法修复的青铜器残件,通过"切割"和"冷焊(低温钎焊)"手段再拼凑成器,甚至拼凑臆造青铜器,且修复技术已达到"技妙入神"。

明代文献中除记录了详细的修复、作伪方法,甚至还记录了不少有名有姓的民间青铜器修复"高手"。明末南京周晖著《金陵琐事》有云:"徐守素、蒋彻、李信修补古铜器如神,邹英学于蒋彻,亦次之。恨昔者不能举此应之,信强记之难也。"[21]周晖提到的四位铜匠之首的徐守素亦见于明代高濂《遵生八笺》卷十四《论宣铜倭铜炉瓶器皿》篇:"致若出自徐守素者,精致无让,价与古值相半。其质料之精,摩弄之密,功夫所到,继以岁月,亦非常品忽忽成者。置之高斋,可足清赏。不得于古,具此亦可以想见上古风神,孰云不足取也?此与恶品非同日语者,鉴家当共

---

20 曹昭《格古要论》著成于洪武二十一年(1388),共三卷十三论,上卷为古铜器、古画、古墨迹、古碑法帖四论,"取古铜器、书法、异物分其高下,辨其真赝,正其要略,书而成编,析门分类,目之曰《格古要论》,以示世之好事者"。
21 周漫士(吉父):《金陵琐事》下卷《良工》,中央书店,1935,襟霞阁主人重刊,第40页。

赏之。"从高濂的记述看，徐守素的仿古铜器质料精，做工细，假如得不到真正的古器，那徐守素的作品可以"想见上古风神"。高濂还特意写到徐守素的仿古铜器的市价竟是真正古器的一半，不可谓不高。由此可知，徐守素确是仿古铜器与修复的高手。

任何一种技术的产生与成熟都有其社会需求的必然性。较为成熟的青铜器修复与复制技术的产生，也充分说明了民间青铜器工匠所承担的青铜器修复和复制技术已开始出现。此时，青铜器修复与复（仿）制在操作方法、工序流程、材料应用甚至操作者方面几乎完全重合，甚至连工作目的与性质也完全一致。

然而，真正将青铜器修复和复制这一技艺推向顶峰，并使之成为一门职业，是从清代开始的。清乾嘉时期，金石学研究的再度盛行，使得皇室贵族阶层对古青铜器的收藏热情程度再度出现高峰，北京故宫博物院收藏的清乾隆年间《弘历是一是二图》表现的是乾隆皇帝鉴赏古物的情景（图1-16）。上行下效，水涨船高，青铜器收藏与交易市场的需求极大地刺激了当时的古玩业。上海博物馆收藏的清代任薰等人的长卷绘画《愙斋集古图》[22]（图1-17），通过绘画、墨拓的形式集中展现了清末金石学大家吴大澂当年收藏的金石文物。需求决定市场，民间大批专业作伪与修复高手及技术也应运而生。青铜器修复与复制行业空前繁荣，青铜器复制品、伪作赝品之多创历代新高。单张光裕先生《伪作先秦彝器铭文疏要》一书的统计，历代伪器及疑伪之器就多达1600余件，仅清代乾嘉以来百年的伪作就超过千件。北京故宫博物院1959年入藏一件商晚期嘉母卣（图1-18）。此卣虽看似完整，实则大部分残缺，仅存其盖，卣身与提梁是修复者根据卣盖的款式重新铸造装配的，足见当时青铜器的修复在市场利益的刺激下变得本末倒置了。[23]清人赵汝珍在其撰写的《古玩指南》《古董辨疑》中大量讲述了当时铜器复制、修复与辨伪的方法。[24]

各地的古铜器修复群体根据各自工艺特长与不同地区出土青铜器的特色逐渐形成了几大派别：北京派、苏州派、潍坊派、西安派、洛阳派等，不同派别各有特色。金石古董圈按不同地域将这些派别称为"北京造""苏州造""潍县造""西安造"等。

"潍县造"仿古青铜器以錾刻纹饰和铭文见长，赝品多依《西清古鉴》图录仿造，采用组装法，分铸焊接，没有范痕。有的用蜡模翻铸，器壁厚重，有砂眼，用盐酸浸泡后埋入地下，再盖上湿麻袋，让器表生出地子和锈。

---

22 《愙斋集古图》是上海博物馆现藏的一幅长卷绘画，它通过绘画、墨拓的形式集中展现了吴大澂当年收藏的金石文物。图中部分青铜器器型及铭文从未见于历代著录；另一部分部分铭文及考释文字见于《愙斋集古录》及其他金文著录，图中吴大澂的部分题释可与《愙斋集古录》对比，有助于了解吴大澂的学术认识的形成及变化过程。
23 王文昶：《青铜器辨伪三百例》（下），故宫出版社，2009，第458页。
24 赵汝珍：《古玩指南》，成书于1942年；《古董辨疑》，成书于1943年。

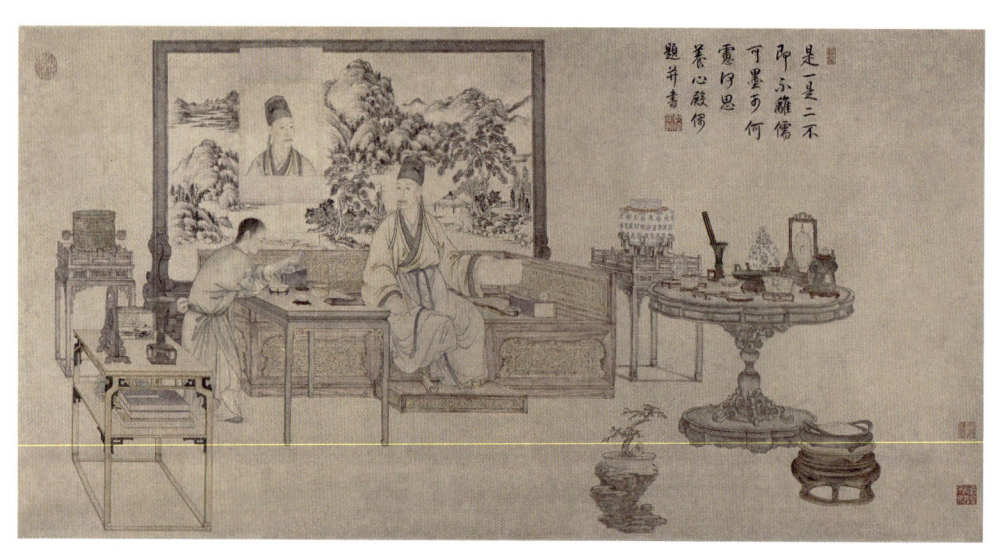

图 1-16 （清）《弘历是一是二图》

"西安造"是青铜器早期作伪的基地之一，擅长在真器物上添加錾刻伪铭，尤其仿造度量衡器居多，常常将伪器埋入地下使其自然产生锈层，几可乱真。

"苏州造"的历史早于"北京造"，是近代仿古复制铜器的重要基地之一。明代王士性在《广志绎》卷二中写道："姑苏人聪慧好古，亦善仿古法为之，书画之临摹，鼎彝之冶淬，能令真赝不辨。"[25] 到了清代，《苏州府志》载："郡中西城业铜作不下数千家，精粗巨细，日用之物无不具。"足见制铜业规模进一步扩大。[26] 清末民国初年，苏州出现了以周梅谷为代表的仿古铜器名家。其独特的木模版"贴蜡法"工艺和精湛的熟坑技术堪称一绝。所谓木模版"贴蜡法"工艺，是在内壁相应的素面蜡模上贴花纹蜡片，形成具有表面花纹的蜡模（图 1-19）。"苏州造"的铜器刻工精细，纹饰流畅，以假乱真，作品流传甚广，从而成为天下名牌，伪器流入海外者不计其数。[27]

"北京造"源自清代宫廷。清宫造办处先后设有 60 多处专业作坊，专门负责宫廷用品的制造与修缮。[28] 其中"铜錽作"就专门负责宫廷内铜器的制作与修复。其中

---

25 王士性撰《五岳游草 广志绎》，周振鹤点校，上海人民出版社，2019，第 228 页。
26 《洪武苏州府志》卷十八，广陵书社，2015。
27 王汉卿：《民国时期周梅谷仿古铜器作坊遗存的木模版研究》，《美术与设计》2014 年 6 月刊。
28 根据嘉庆四年（1799）10 月《各处各作各房苏拉匠役花名数目总册》记载，铜錽作共有九十一人，由催长、副催长、委署司匠（分掌器物造作及管理匠役之事）、库守（专司承办文稿及值宿等事）、拜唐阿（清代内外衙门中无品级的管事、听差匠人等）、领催（满语"拨什库"的汉语意译，专司佐领内的文书俸饷）及苏拉（担任勤务的差役）等应承差务，由錽匠、凿匠、锭活匠、刀子匠、发路匠、锣匠、钩花匠、锡匠、锉匠和铜匠等工匠负责制造各种铜器。

图1-17 （清）《愙斋集古图》

图1-18　商晚期嘉母卣

有一位青铜器修复能手，人称"歪嘴于"。[29] 据《百年琉璃厂》中记述，"歪嘴于"是河北衡水人，光绪年间来到京城，在内务府造办处下面的古铜作帮助修复宫廷内珍藏的历代青铜器。宫廷里对古青铜修复的目的是收藏和鉴赏，不同于民间以盈利为目的的作伪行为，因此民间使用的拼凑改造等作伪手段，在宫廷的修复中极少出现，相反，宫廷修复青铜器的修复者更要在尊重原器的基础上按照原物的基本风格运用修复技艺。因此，从现代"文物修复"的定义看，真正意义上的中国古代青铜文物的修复技术应该是从清代宫廷"北京造"开始的。

1982年高英先生在"古代青铜器修复技术座谈会"上的发言稿《北京古代铜器修复行业（古铜张派）的起源和发展》（图1-20）一文对"北京造"流派的起源与传承进行了描述："歪嘴于"住在北京前门内前府胡同内的庙里，并开设万龙合古铜局，以修理古代铜器为业，经常为清宫太监们修理宫内破损青铜器。"歪嘴于"

---

[29] "歪嘴于"主要活跃在光绪年间。但查询这一时期《内务府造办处各作匠役人名录》，造办处内有各种匠役约二百人，主要来源有三：从三旗佐领（内务府所属镶黄、正黄、正白三旗的执掌官员）内挑选的家内匠役，即"家匠"，多为满人或汉人包衣（家中役使的仆人）；广东等督抚选送的需长期服役或定期服役的"南匠"；还有一种是因某种工作需要就近在北京当地觅雇的民间匠人，即"外雇匠"（或称"外匠"），工作结束之后便与造办处解除关系，当造办处额定工匠缺员时，"外雇匠"还可能被招募为更稳定长久的"招募匠"。可见民间匠人是有机会通过"外匠"的身份进入造办处，从而有可能学习到造办处内的相关技艺。因此，就目前掌握的资料来看，虽然档案检索或记载不全，"歪嘴于"真正的身份更有可能是在北京当地被招募并持有腰牌的"外雇匠"。

前后收了 7 位弟子，其中以郭树根（行内称"老古铜郭"）与张泰恩（行内称"古铜张"）手艺最为出色。辛亥革命时期，最小的徒弟张泰恩继承了"歪嘴于"的古铜局，改名万隆和古铜局，专门修理古铜器。

图 1-19　民国时期周梅谷仿古铜器作坊遗存的旧模版

此时的中国正值帝国主义列强大肆侵略之际，大量珍贵的中国古代文物被倒卖而流失。大量的买方需求也带动了卖方市场的青铜器修复与作伪行业的繁荣。1919 年至 1937 年，张泰恩前后共收 11 位弟子，传授古青铜器修复与仿制技艺。其中 7 位学成出师，自立门户，这些弟子中业务能力最为突出的"古铜张派"第三代代表

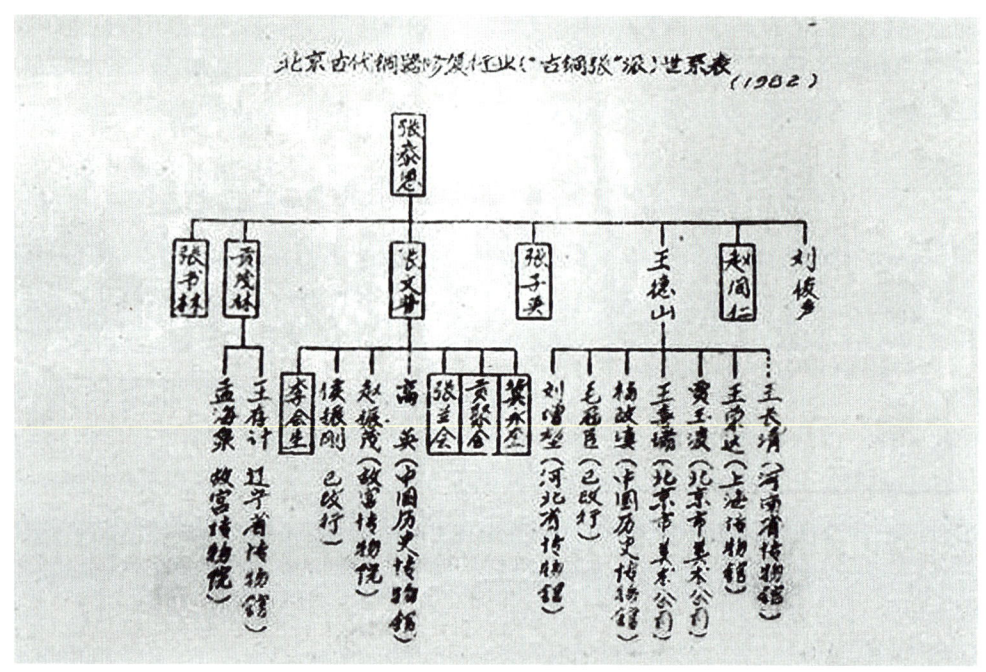

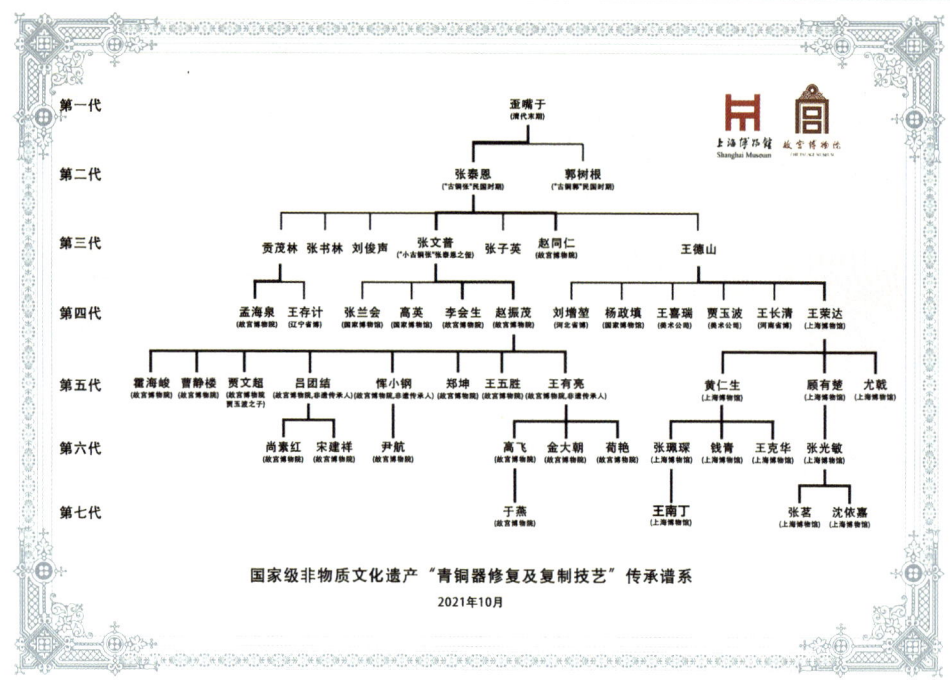

图1-20　故宫博物院和上海博物馆"青铜器修复及复制技艺"传承谱系

人物为张文普、王德山、贡茂林。特别是自立门户的张文普、王德山以木器家具中"榆木擦漆"用的虫胶得到启发,研究出"漆底磨光"和"点土喷锈"等作色作旧技术革新,使得青铜器修复的工序更为合理与有效。

张文普又收了7位徒弟,其中就有后来成为故宫博物院修复厂铜器组组长的赵振茂先生。王德山在崇文门外草场八条家中先后招收和培养了8位弟子,其中就有后来成为上海博物馆文物修复工场铜器组负责人的王荣达先生。由此,这些传人共同构成了"北京造""古铜张派"第四代传人群体。

随着社会发展与市场需求的变革,有些派别没落,而有些得到了长足的发展。1949年后"北京造""古铜张派"传人纷纷入职各大省市文物收藏机构,使得青铜器修复技艺得以薪火相传,开枝散叶。

四、科学性阶段

1949年,北京文物整理委员会成立,这是中国第一个由政府主办并管理的文物保护专业机构。1951年至1960年间,上海博物馆和故宫博物院分别成立文物修复与复制的机构。"古铜张派"第三代传人张文普的传人赵振茂入职故宫博物院,成为故宫博物院第一代青铜文物修复师。而同为第三代传人的王德山的传人王荣达出师后,来到上海为古董行修复青铜器。

青铜器修复与复制技艺之所以能在民国时的上海发扬光大,得益于当时这座远东第一大都市海纳百川的地理和文化优势。大量的珍贵文物与相关人才汇聚于此,使文物修复行业蓬勃发展。上海博物馆于1958年设立文物修复工场,是国内首批组建文物修复和复制团队的文博机构,它通过招贤纳士,将流散在民间的修复能人巧匠汇聚一堂。"古铜张派"第四代传人王荣达于同年被聘入上海博物馆,自此开创了技术特色鲜明的上海博物馆青铜器修复及复制技艺之路。

上海博物馆的文物修复团队成立之初就以师徒带教的形式确保传统技艺被有序地传承。王荣达老师在其后近30年中为上海博物馆培养了数代传人。作为第五代传人的黄仁生老师在继承传统的同时,更将他在原单位标本模型厂中掌握的模具与精密铸造技艺融入传统青铜器修复与复制。以美术院校毕业生为主的第六代传人在原有传统师承技艺的基础上提升了造型、色彩和工艺技术水准。以引进海外文保专业人才为主的第七代传人,在将海外文物保护理念引入传统技艺的同时,更加强了修复材料及方法的科学性。

艺术性与学术性并重,正是上海博物馆青铜修复和复制工作最突出的特点。青铜器修复与复制技艺主要包括清洗、除锈、矫形、拼接、刻纹、翻模、铸造、配缺、打磨、作色、作旧等十余道工艺环节。上海博物馆的科研实力为修复师掌握不同时代的青铜器特点提供了支撑。每一道环节都采用科学合理的方法和材料,从更为安全的修复理念出发，摒弃了传统古玩行业内一些有损文物安全和存在隐患的旧修复工艺，在科学安全的修复过程中揭示和保留青铜文物的原始信息，为后期学术研究创造了有利条件。通过合作，上海博物馆率先应用超声波除锈、复合材料翻模、激光焊接、三维打印和激光清洗技术等新技术，为传统技艺带来了更多的科技含量，使上海博物馆的这项技艺能在各流派中脱颖而出，成为业内亮点，正式开创了现代博物馆体制下的青铜器修复与复制的新格局。

随着中国正式加入联合国教科文组织《保护非物质文化遗产公约》，国家加强了对非物质文化遗产保护的法规建设。《中华人民共和国非物质文化遗产法》的通过，以及数批国家级非物质文化遗产名录的公布，意味着我国完成了文化遗产法从物质到非物质的完整跨越，标志着中国非物质文化遗产的抢救与保护工作被提升到了空前的高度。故宫博物院与上海博物馆的"青铜器修复及复制技艺"作为同宗两脉的传统技艺一并被列入中华人民共和国国家级非物质文化遗产名录。

高超的修复与复制技艺不仅使观众得以欣赏中华文明从古至今的辉煌，使其从心底产生民族认同和自信，而且赢得了海内外收藏界的广泛认可，很多收藏家因此愿将青铜文物珍品捐赠给博物馆。可以说，在上海博物馆青铜馆藏"半壁江山"的美誉背后，这项非遗技艺功不可没。

如今的中国古代青铜器修复与复制技艺已经从最初的恢复功能价值，到满足宫廷收藏的鉴赏价值，再到迎合文物交易活动中的利益价值，发展到如今博物馆保存中文物价值的修复。其修复的目的和方法也从最初单纯的恢复器物外观的完美，发展到采用更为安全合理的方法与材料，消除青铜器内外病害与隐患，延长了青铜器的寿命，揭示和记录更多文物的信息与工艺特点，为文物科研工作提供更有力的保障。在社会责任方面，普及青铜器修复保护常识，能增强公众文物保护意识，提升公众的文化自信。博物馆与高校建立合作，贯彻执行非物质文化遗产项目传承和发扬工作，传播青铜器修复技艺与知识，为储备和发掘高校的非遗传承人才奠定基础。

海纳百川，在继承"北京造""古铜张派"传统修复技艺的基础上不断吸收现代最新修复理念与工艺，加以融会贯通，这才是中国古代青铜器修复及复制这一古老的技艺可持续性发展的秘诀。

思考题

1. 不同时期青铜器修复目的与性质为何？又有何变化？

拓展阅读

[1]《文物修复理论》，切萨雷·布兰迪，田时纲、詹长法译，意大利非洲与东方研究院，2006

[2]《文物保护与修复的问题》，马里奥·米凯利、詹长法，科学出版社，2005

[3]《当代保护理论》，萨尔瓦多·穆尼奥斯·比尼亚斯，张鹏、张怡欣、吴霄婧译，同济大学出版社，2012

[4]《青铜器辨伪三百例》，王文昶，故宫出版社，2009

第二章
青铜器修复的设备和工具

"工欲善其事，必先利其器"，科学合理的环境和设备是保证和提高文物修复、复制质量与效率必不可少的条件。

第一节　青铜器修复工作室的基础设备

现代化的文物修复工作是个综合性的系统工程。各种仪器设备及其配套设施的安置，不仅要考虑送风、排风、给水、排水、净化、排污、供电等要求，更要考虑人员、周边环境的安全性，气味、声音、视觉环境的舒适性，仪器设备的功能性、可操作性，以及信息处理的便捷性。本章节所介绍的修复工作室的设备，是除消防、安防等非直接参与文物修复工作以外的基础设备，主要包括水电、照明、通风、吸尘、排污等设备的选择与安装。[1]

青铜器修复工作室应尽可能做到干湿分开、功能分开。如清洗、浸泡、拆分、五金加工、喷涂等特殊功能的工作可以在修复室内的部分区域单独完成，以免造成空气、湿度与粉尘等互相干扰。

一、光照

文物修复工作的光照，主要考虑的因素是照度与色温。修复工作的各项工序都需要充足的光照，一般是选择非直射阳光下的日光漫射照明，这样可以保证光线的均匀与修复后的视觉舒适性。

色温是照明光学中用于定义光源颜色的一个物理量。光源对物体颜色呈现的程度被称为显色性，也就是颜色的逼真程度。因此，色温的变化对修复师后期还原器物色彩有着直接的影响，通常以5000K左右的自然日光色温为准。在光照不足或自然光源有色温偏差的情况下，修复师可以选用接近日光的人工光源辅助照明，以避免因为色温原因而导致修复部位上色产生偏色（图2-1）。

图2-1　可以调节色温与照度的光源

---

[1] 中华人民共和国国家标准《GB/T 30238-2013 可移动文物保护修复室规范化建设与仪器装备基本要求》，2013年。

二、温度与湿度

温度与湿度是青铜文物保存环境中的两项重要质量指标,它们既有其各自独立的影响又有相互关联所起的复合影响。保存环境应远离空气中的硫化氢、氯气、二氧化氮等强氧化物及粉尘,防止它们对青铜器的侵害。《博物馆藏品保存环境试行规范》中要求,青铜器应保存在温度控制在18℃至25℃,温度日波动范围小于5℃,相对湿度为45%±5%,相对湿度日波动范围小于5%的稳定环境中。避免氧化性气体与文物的接触,控制达到无氯环境,以避免因温湿度过高,诱发与加速青铜器被氯化物腐蚀,产生"青铜病"。

三、用水

青铜器在清洗、去锈过程中会大量用到水。普通水质中含有的氯化物对青铜器的保存会产生隐患。一般建议采用蒸馏水和去离子水。蒸馏水是指经过蒸馏、冷凝操作的水,蒸两次的叫重蒸水,蒸三次的叫三蒸水。去离子水是去掉了水中的除氢离子、氢氧根离子外的其他由电解质溶于水中电离所产生的全部离子,即去掉溶于水中的电解质物质。二者本质和工艺特征不同,但都能很好地控制水中对青铜器保护来说的有害成分,减少因用水造成的青铜器修复中的隐患。

四、通风

青铜器修复工作离不开清洗、去锈、作色等有害气体排放较多的工作步骤。因此,保持和增加通风对青铜器的修复与文物修复师的身心健康是非常重要的。修复室一般采用整体通风和局部通风相结合的方式(图2-2)。

整体通风是对修复室内空间整体空气的换新过滤系统。局部通风是指在实际操作过程中,针对有害气体源头设置的通风装置。常见的设备包括通风柜和万向排风罩。

变风量控制式的通风柜是局部排风必不可少的设备。其功能主要是控制可以调节阀门的传感器,改变风量以达到既定的风速,迅速排除在修复操作时产生的各种有害气体、湿气、异味,以及易燃、易爆、腐蚀性物质,以防止修复中的污染物质向室内扩散,也保证了使用者的安全。

万向排风罩可以根据实际需求选择软臂或硬臂。无论何种曲臂都可以延伸至操作区域,通过对风量和风速的调节,迅速收集有害气体并通过过滤排出

图2-2 软臂万向排风系统

室外，有效防止其在室内扩散。万向排风罩是修复操作中最为有效与实用的通风设备，对保护修复师的健康具有至关重要的作用。

五、除尘

青铜器在去锈、雕刻、打磨等修复过程中会产生大量的粉尘，不仅对修复工作区域的环境、设备会造成一定程度的污染，而且也会伤害工作人员的身体健康。修复工作室一般配备粉尘过滤设备来集中搜集清理粉尘。公用集中粉尘过滤设备具有噪声小、吸力强、集中收集清扫粉尘的优点，但投入成本较高，维修不便。独立粉尘过滤设备具有轻便、便于移动与携带、投入成本较低、维修方便等优点。

六、化学药品管理

青铜器保护与修复过程中，工作人员会大量接触和使用到化学品。化学品安全管理是文物修复中不可忽视的重点。修复师所用的化学药品应放在专用的防火防爆、避光的试剂安全储存柜中，实行双人双锁、随用随记的严格的化学品管理制度。易燃的材料，如乙酸乙酯、酒精、丙酮等，更应该按需要的量购买，切勿大量集中储存。使用后的化学材料尽可能回收、重复利用，其余按照要求妥当处理。使用后的化学药品容器需要专人集中回收处理，不可随意丢弃、污染环境。化学药品或者试剂要转移到合适的化学玻璃器皿中使用，并在容器外面贴好药品名称的标签。[2]

建立紧急冲淋洗眼器操作和维护保养程序，每一个工作人员都要掌握紧急冲淋洗眼器的使用操作和维护保养方法，并确保设备随时处于备用状态，以满足应急要求（图2-3）。

紧急冲淋洗眼器是当现场工作人员的眼睛或者身体接触有毒有害或者具有其他腐蚀性化学物质的时候，可以使用紧急冲淋洗眼器对眼睛和身体进行紧急冲洗或者冲淋，主要是避免化学物质对人体造成进一步伤害。但是这些设备只能对眼睛和身体进行初步的处理，不能代替医学治疗，情况严重的，必须尽快进行进一步的医学治疗。当发生意外伤害事故时，通过紧急冲淋洗眼器的快速喷淋、冲洗，可以把伤害减少到最低。

图2-3 紧急冲淋洗眼器

---

2 《文物保护与修复实验室管理条例》，复旦大学文物与博物馆学系，文物保护实验室，http://www.chm.fudan.edu.cn/wwbhsys/list.htm。

思考题

1. 建立青铜修复工作室需要考虑哪些设备及环境因素？

第二节　青铜器修复的设备与工具

一、修复工作台

修复工作台是青铜器修复最主要的操作区域。由于青铜器的体量与保存状况不同，修复台的选择应该适应不同情况下青铜器的修复工作。

可靠性：工作台的材质必须坚固稳定，能够承受青铜器的重量。桌面耐腐蚀，不与青铜器产生不良反应。修复台在使用过程中不允许危害文物的可能性存在。

便利性：在文物修复工作中，不同大小的器物与不同的操作步骤对工作台高度的需求不同，这要求工作台能够稳定调节高度以应对不同的需求。此外，可连接电源的修复台能为辅助照明与桌上设备的使用提供便利。

二、显微设备

完美的清洁、去锈和修复离不开体视显微镜。可用于青铜器清洁和修复的光学显微镜一般提供可变高度设计与数码影像保存功能，这样可以在分辨微小细节的同时随时保存观测与操作过程的影像。如果是大型青铜文物，推荐使用落地式可移动支架或者根据场景定制支架及调焦结构。

三、摄影设备

文物修复工作中摄影、摄像器材是记录信息必不可少的重要设备。它能如实反映文物的修复状态，包括修复前、修复中、修复后文物的器型、纹饰及病害等情况。修复技艺的视频记录还能为后期的科普推广与技艺传承积累宝贵的资料。

四、清洗设备

超声波清洗是现代青铜器修复中较为普遍使用的方法，主要包括槽式超声波清洗和超声波洁牙机清洗。

槽式超声波清洗需要将器物完全浸泡在液体中，利用超声波在液体中的空化作用、加速度作用及直进流作用，对液体和污物进行直接、间接的作用，使污物层被分散、乳化、剥离，从而达到清洗的目的。

超声波洁牙机是利用可调节的超声波产生不同的频率振动，通过光滑的超声波洁牙机工作头，把青铜器表面的污物、锈蚀混合物震碎，然后通过洁牙机产生的水雾把污物冲刷下来，再通过辅助喷盐以达到清洗去锈的目的。

五、电动工具

青铜器修复中使用到的电动工具可分为以下几类：

金属切削类工具：钻床、枪钻、切割机、微型车床、电锯等；

砂磨类工具：砂轮机、角磨机、砂光机、抛光机、密闭式喷砂机等；

装配类工具：扭力扳手、电动螺丝枪等；

其他类工具：微型雕刻机、刻字机、热风枪、焊接笔、静音气泵、注蜡机、热胶枪、超声波刀、真空搅拌机、水浴锅、卤钨灯光照射器（用于光敏固化复合树脂材料）等。

六、手动工具

青铜器修复中使用到的手动工具可分为以下几类：

五金类工具：主要有电烙铁、转盘、沙箱、锤子、紧固件、夹具、量具、剪、锯、锉、錾刻及各种耗材等五金小工具；

医疗类工具：包括各种外科手术工具、牙科制作工具、实验用器皿等；

美术类工具：包括各类测量、笔绘、喷绘、雕塑等工具；

除上述提到工具外，还有一些其他的修复设备，如真空干燥箱、沙盘、恒温水浴锅、电子天平、冰箱、无酸纸文物匣囊、搬运文物小推车以及劳动防护安全用品等。

思考题

1. 青铜文物修复需要哪些基础设备？

拓展阅读

[1]《博物馆青铜文物保护技术手册》，国家文物局博物馆与社会文物司，文物出版社，2014

[2]《化学实验室安全与管理》，刘晓芳等，科学出版社，2022

[3]《高校实验室安全通用教程》，黄志斌、赵应声，南京大学出版社，2021

第三章
中国古代青铜器的认知

中国古代青铜器器型、纹饰与工艺是学习青铜器修复与复制的入门知识，也是学习复制青铜器技艺的基础课程。

现代金属材料学根据不同配比，将青铜分为锡青铜（锡含量高于2%）、铅青铜（铅含量高于2%）和锡铅青铜（铅、锡含量各高于2%）。

一般来说，青铜具有以下特性。

熔点较低。在物理学和化学性质上，一般合金熔点比原来的金属熔点低，硬度比原来的金属硬度高，体积比原来的金属略大。铜、锡合金的青铜也是如此。纯铜熔点为1083℃，若加15%的锡，熔点即降低到960℃；若加25%的锡，熔点就会降到800℃。因此，这种温度条件显然要比熔炼纯铜更容易达到。

硬度较高。红铜硬度（HB）是35—45kgf/mm^2（Brinell，译成布氏硬度）；如果加5%—7%的锡，就增高到50—60kgf/mm^2；若加7%—9%的锡，即增高到65—70kgf/mm^2；若加锡9%—11%，就会增高到70—80kgf/mm^2，比纯铜硬度提高一倍以上。这样就可以克服纯铜质地较软的缺点。同时由于青铜硬度随着加锡量成正比地提高，人们可以按照不同器类的需要而选择各种不同的铜锡比例，铸造出合金硬度不同的器物。

适宜于铸造。纯铜流动性差，铸造性能不良，易吸收空气，成品往往带有气眼。而青铜流动性很强，冷凝时体积略有胀大，填充性好，且很少有气孔。

上述三个优点，使青铜在应用上具有广泛的适应性。人们在逐渐对青铜性能有所认识后，便开始利用铜锡共生矿提炼青铜，或有意识地从锡矿中提炼出来锡与纯铜混合，后来发展到掺以不同比例的锡来铸造不同用途的青铜器具。[1]

春秋时期《周礼·考工记》就已经提出了世界上最早有关青铜合金配比的"六齐"之说："金有六齐：六分其金而锡居一，谓之钟鼎之齐；五分其金而锡居一，谓之斧斤之齐；四分其金而锡居一，谓之戈戟之齐；参分其金而锡居一，谓之大刃之齐；五分其金而锡居二，谓之削杀矢之齐；金锡半，谓之鉴燧之齐。"[2] 上海博物馆科研人员通过换算得出了"六齐"的配比（图3-1），说明我国古代劳动人民在长期的青铜冶铸实践中已经认识到青铜的化学成分与其性能、用途之间的关系。

---

1 朱凤瀚：《古代中国青铜器》，南开大学出版社，1995，第6页。
2 苏荣誉：《〈考工记〉"六齐"研究·中国科技典籍研究——第一届中国科技典籍国际会议论文集》，大象出版社，1998，第79—95页。

表 3-1：《考工记》中"六齐"的配比[3]

合金名称	含铜量	含锡量
钟鼎之齐	6/7=85.71%	1/7=14.29%
斧斤之齐	5/6=83.33%	1/6=16.67%
戈戟之齐	4/5=80%	1/5=20%
大刃之齐	3/4=75%	1/4=25%
削杀矢之齐	5/7=71.43%	2/7=28.57%
鉴燧之齐	2/3=56.66%	1/3=33.33%

第一节　中国古代青铜器的器型分类

对青铜类文物的器型分类的目的主要是区别不同的青铜文物的性质和作用。分类的科学性在某种程度上取决于对青铜文物的正确认识。

在不同时代，不同学者对青铜器做了各种繁杂的分类，其中器物的命名是一个关键问题。然而，鼎盛的先秦青铜时代经过秦的改制和战争，社会形态发生了巨大的变化，大量典籍被焚毁，以至于到了汉代，人们对先秦的青铜器已经不太了解，即便研究也多偏重于文字。宋代以前有关青铜器的零星记载也偏重于铭文。中国青铜器的器型分类与定名等相关研究自北宋金石学始。宋代学者确立了青铜器研究的著录形式与研究体例，对青铜器进行了初步的定名与分类，开创了青铜器研究的最初范式，为后世树立了典范。特别在青铜器器名的研究中，宋人为青铜器定名约定俗成的原则是引孔子之语"名从主人，物从中国"，即器物名称的确定是依照带铭文器物的自铭而定，并以有自带器名的器物作为标准器，为没有铭文的同类型青铜器定名归类。宋代王黼《宣和博古图》中所定的鼎、簋、钟、壶、盘等青铜器名称，都是按照这一原则进行的，并沿用至今。[4] 其后，清代学者在继续钻研金石学的同时纠正了宋人在定名与分类等方面的一些问题，并加强了铭文研究。随着近代考古学的介入，有了科学的考古发掘，青铜器出土有了地层学作参照，类型学作基础，青铜器分期断代研究开始科学化，青铜器标准器断代法的提出使青铜器的定名和分类研究进一步明晰，也拓展了青铜器整体研究的深度与广度。

关于青铜器的定名原则，学界一般归纳为三种方式：

第一，有自铭的器物要依自铭定名；

---

[3]　《考工记》"六齐"的配比研究目前有论文百余篇，本图采用上海博物馆古代青铜馆发布的数据绘制。

[4]　王黼《宣和博古图》，宋徽宗敕撰，30卷，大观初年（1107）开始编纂，成于宣和五年（1123）之后。该书著录了宋代皇室在宣和殿收藏的自商代至唐代的青铜器839件。

第二，宋代学者依据史籍著录定名；

第三，既无自铭，又缺乏史籍著录者，可根据其造型、用途予以定名。

目前青铜器器型名称多达百余种，本教材采用上海博物馆马承源先生所撰《中国青铜器》一书的分类方法。以器物实际用途为主线的分类系统，既充分考虑到青铜器的功能、数量、使用效率等方面在时代性和阶段性上的差异，又顾及各类青铜器身上所反映的社会背景。本书将青铜器大致分为食器、酒器、盥水器、乐器、兵器、工具、杂器等类。

一、食器

青铜食器是青铜时代最正式的餐饮用具，按功能性可分为烹煮器、盛食器、挹取器、切肉器等等。青铜食器不仅是人们日常的餐饮用具，也是贵族进行礼制活动的重要礼器。所谓礼器，是指我国进入最初的阶级社会以后，贵族阶层在进行祭祀、宴飨或朝会等活动时举行礼仪所使用的器物。随着奴隶制国家机制的确立，有色金属成为国家垄断的重要资源，青铜器也成为贵族阶层特享的产物，一些原本作为生活用具的青铜器被赋予了特殊的含义，成为体现统治权威和礼制的象征，并贯穿于整个青铜时代。青铜食器种类很多，主要有鼎、鬲、甗、簋、簠、盨、敦、铺、豆、盂、盆、鏊、盏、俎、匕、镬等。青铜食器多为容器，不同时期的青铜食器形制厚薄、铸造技术、埋藏环境、锈蚀程度都不尽相同，这也就使得青铜文物的各种病害类型都可能发生在青铜食器上。

（一）鼎

青铜鼎主要用途是烹煮肉食、实牲祭祀和宴享等。鼎的造型最初是由石器时期陶制炊具演变而来的，因此"鼎"最初的意思就是指烹饪容器。很多鼎都自铭为"鼎"，还有自铭为"方鼎"。许慎在《说文·鼎部》[5]中对鼎的解释是："鼎，三足两耳，和五味之宝器也。"同时，鼎又是最重要的礼器器种之一，与政治的关系日益密切，并演化为国之重器。按照礼制组合成的所谓"列鼎"，"天子九鼎，诸侯七，卿大夫五，元士三"。[6]随着这种等级、身份、地位标志的逐渐演化，用鼎制度逐渐成为王权的象征、贵族身份等级差别的标志。鼎的样式非常丰富，除了最常见的圆鼎、方鼎外，还有鬲鼎、扁足鼎、流鼎、异形鼎等（图3-1、图3-2）。

（二）鬲（lì）

鬲是炊粥器。青铜鬲最早出现在商代早期，是在陶鬲的基础上发展而来。鬲的

---

5 《说文》即《说文解字》，是古代汉字学著作，东汉许慎撰。它是中国第一部系统地分析汉字字形和考究字源的字书，成于安帝建光元年（121）。许慎根据文字的形体，创立540个部首，将9353字分别归入540部，540部又分为14大类。《说文》正文就按这14大类分为14篇，卷末叙目录为一篇，全书共有15篇。

6 汉代何休注《公羊传·桓公二年》。

图3-1　河南安阳武官村出土商后母戊鼎

图3-2　陕西省扶风县法门寺任家村出土西周大克鼎

图3-3　西周师趛鬲

图3-4　西周兽面纹甗

基本形制为侈口，袋形腹，其下有三个短足。鬲的定名源自其自铭。《尔雅·释器》[7]记载："鼎之款足者谓之鬲。"《汉书·郊祀志》[8]也称鼎之"空足曰鬲"。据研究，袋形腹的作用主要是为了扩大加热面积（图3-3）。

（三）甗（yǎn）

甗是蒸煮器，由上部的甑和下部的鬲两部分组成。陶甗最早出现于新石器时代。甑用来盛放食材，鬲用来盛水，高足间可烧火加热。甑与鬲之间有带通气孔的箅子隔开。甗的定名源自其自铭。青铜甗在商代早期已经出现，它可分为联体和分体两类，商和西周时期多联体。西周时期出现方形甗，汉代后绝迹（图3-4）。

（四）簋（guǐ）

簋是盛放煮熟的稻、粱、稷、黍等饭食的器皿。其形制一般为圆腹，圈足，有耳（耳的数量在2—4个），流行于商朝至东周，是中国青铜器时代标志性青铜器具之一。《周礼·地官·舍人》[9]曰："凡祭祀，共簠簋。"簋的定名源于自铭。青铜簋出现在商代早期。西周时期，簋与列鼎制度一样，通常在祭祀和宴飨时以偶数组合与以奇数组合的列鼎配合使用。如天子用九鼎八簋，诸侯七鼎六簋，大夫五鼎四簋，元士三鼎二簋。有些簋不但是礼器、葬器，而且具有重要的历史意义（图3-5）。

（五）簠（fǔ）

簠是中国古代祭祀时盛放黍、稷、粱、稻等饭食的器皿，是先秦时期主要的青铜礼器之一。簠的定名源自其自铭。《周礼·地官·舍人》曰："方曰簠，圆曰簋，盛

---

[7]　《尔雅》是中国第一部解释词义的专书，是中国最早的一部按语义分类的训诂词典，也是汉代最先产生的一部字书。《尔雅》原书3卷20篇，现存19篇。其中《释器》是关于器用名词的解释。

[8]　《汉书·郊祀志》，东汉时期的历史学家班固撰。

[9]　《周礼》是一部系统、完整叙述国家机构设置、职能分工的专书，其内容涉及古代官制、军制、田制、礼制等国家重要政治制度，以及古代法律、经济、文化、教育、科技等制度，为我国秦汉以来历代国家机构建制提供了全面的参照体系。

黍、稷、稻、梁器。"《礼记·乐记》[10]曰："簠
簋俎豆，制度文章，礼之器也。"簠的基本形制
为矩形器，盖和器身形状相同，上下对称，合则一
体，分则为两个器皿。青铜簠产生于西周早期，战
国开始衰落，到了秦汉时期完全绝迹（图3-6）。

（六）盨（xǔ）

盨是盛放黍、稷、稻、粱等饭食的盛食器。盨
的基本形制近乎簋，但器身呈圆角椭方形，敛口，
双耳，圈足，盖可以仰置盛物。青铜盨流行于西周
晚期，春秋早期已基本消失。盨的名字源于自铭，
一般成偶数组合使用（图3-7）。

（七）敦（duì）

敦是盛放黍、稷、稻、粱等饭食的礼器。敦作
为器名见于《仪礼》，也有器自铭为敦。敦盛行于
东周时期，秦以后消失。敦由鼎、簋的形制结合发
展而成，不少青铜敦器盖与器身完全相同，合在一
起是个球体，但也有上下不完全对称的情况出现。
东周时期，敦已逐渐取代了商周簋的地位，开始与
盛肉的鼎配合使用（图3-8）。

（八）豆（dòu）和铺（pù）

豆是专备盛放"醢"（肉酱）、"菹"（腌菜）
和调味品的器皿。豆的造型类似高足盘，上部呈圆
盘或半球状，盘下有柄，柄下有圈足，上面的盖也
可仰置盛放食物。"豆"见于甲骨文，青铜豆盛行
于东周时代（图3-9）。

铺也是一种盛食器，器型与豆相似，器腹为直
壁浅盘，边狭而底平，圈足矮而粗，且多为镂空，
出现于西周至春秋时期（图3-10）。

图3-5 西周利簋

图3-6 西周晚期毛伯父簠

图3-7 西周晚期曾伯克父盨

图3-8 战国镶嵌云纹敦

---

10 《礼记》由西汉戴圣对秦汉以前汉族礼仪著作加以辑录、编纂而成，共49篇。《乐记》是我国最早的一部具有比较完整体系的音乐理论著作，创作于西汉，作者为刘德及门人，是西汉成帝时戴圣所辑《礼记》第19篇的篇名。

图 3-9　春秋晚期镶嵌狩猎画像纹豆

图 3-10　春秋晚期透雕交龙纹铺

图 3-11　西周中期伯盂

图 3-12　商代蝉纹俎

（九）盂（yú）

大型盛食器，还可盛水、盛冰、盛酒。器型侈口深腹似大簋，下承圈足或象足。"盂"是自铭，出现于商晚期，流行于西周，春秋时期渐少（图 3-11）。

（十）俎（zǔ）

俎是切肉或摆放肉食的案子，亦为礼器。青铜俎最早出现在商代晚期，由木制砧板演变而来，案面下凹，案下有四支柱足或壁形足。它对后世家具的演变也颇有影响（图 3-12）。

（十一）匕（bǐ）

匕是用来挹取食物的匙子。《说文解字》注："匙，匕也。"这种餐具下凹部分可以作为勺子用来舀汤，部分有刃口可以用来分割食物。考古发现的匕常与鼎、鬲同出（图 3-13）。

二、酒器

中国酒文化源远流长。二里头文化时期，已有少量青铜酒器出土。随着殷商时期酿酒业的发展与青铜器制作技术的成熟，与酒相关的青铜器皿在此时达到前所未有的繁荣。青铜酒器形制种类繁多，很多成为中国青铜文明的代表器型与文化标志。

青铜时代酒器的器型种类繁多，有爵、角、斝、觯、觥、尊、壶、卣、方彝、觚、罍、醽、瓮、瓿、缶、斗、禁等。与自铭定名居多的青铜食器不同，青铜酒器自铭较少，器型定名多为宋人考据而定，并根据它们在饮酒、盛酒、调酒、取酒、温酒等不同步骤中的作用与功能将其区分。和青铜食器一样，青铜酒器也多为容器，其二者成分基本相同，埋葬位置也相同，这也就使得在青铜食器上出现的各种病害类型也可能发生在青铜酒器上。

（一）爵（jué）

爵，最早出现的青铜酒器和礼器。但"爵"的定名始于宋人。从二里头文化到西周早期爵的器型具有明显的标志性：前端有流，后部有尖状尾，流与口之间有立柱，杯形腹，腹部一侧有鋬，下有三个锥状长足。西周晚期以后三足爵便踪迹罕见，反而出现了一种斗形爵，后者成为东周时期出现的一种雀斗形杯的雏形（图 3-14）。

（二）角（jué）

角，饮酒器。"角"的定名始于宋人。器物造型与爵相似，不同之处是口沿无柱，流变成与爵尾相同的尖形角状，有些角有盖，存世数量很少。《礼记·礼器》[11]曰："宗庙之祭……尊者举觯，卑者举角。"西周中期以后，角便不再流行。春秋初期的墓葬有出土仿制的西周早期青铜角、卣、尊等器型（图 3-15）。

（三）觚（gū）

觚，饮酒器和礼器。侈口、细颈，呈喇叭形状。陶觚最早出现于新石器时代，青铜觚始见于商代早期，西周后逐渐消失。考古发掘中，觚经常与爵伴随出土（图 3-16）。

（四）觯（zhì）

觯是先秦时代饮酒之杯。觯形似尊而小，或有盖，流行于商朝晚期和西周早期。觯作为器名见于东周礼书。存世青铜器中无自铭为觯者，如今称为觯的青铜器，其名来源于宋人（图 3-17）。

（五）斝（jiǎ）

斝一般为盛酒行裸礼之器，兼可温酒。其形状像爵，但比爵大，器身有圆有方，有鋬，双柱，平底之下有三或四个锥足，有些斝有盖。斝的器名来源非自铭，亦是宋人所定，始见于《博古图录》。斝始见于二里头文化时期，流行于商晚期到西周早期，其后逐渐消失（图 3-18）。

11　《礼记》由西汉戴圣对秦汉以前汉族礼仪著作加以辑录、编纂而成，共 49 篇。《礼器》是《礼记》中的第 10 篇。

图 3-13　陕西宝鸡出土西周匕

图 3-14　河南二里头遗址出土乳钉纹青铜爵

图 3-15　商青铜角

图 3-16　商子蝠觚

图 3-17　商晚期鸮觯

图 3-18　商代鸮方斝

图 3-19　西周何尊

（六）尊

青铜尊为高体的大中型盛酒器，尊的形制为高圈足，鼓腹，侈口，形体较宽，口径较大，器型始出与陶器或原始青瓷的大口尊有关。尊盛行于商代至西周时期，春秋后期已经少见。金文中称礼器为尊彝，是祭祀礼器的共鸣。青铜器铭文中并没有以"尊"为其专用自铭的案例。尊作为具体器名始于北宋，后约定俗成，沿用至今（图3-19）。

（七）动物尊

动物尊是指形状似动物的一类特殊的盛酒器。器型大都模拟鸟兽形状，又称为"鸟兽尊"。《周礼·春官·司尊彝》曰："司尊彝掌六尊、六彝之位，诏其酌，辨其用与其实。"郑玄注曰："六尊：献尊、象尊、壶尊、著尊、大尊、山尊。六彝：鸡彝、鸟彝、斝彝、黄彝、虎彝、蜼彝。"青铜动物尊在殷墟前期开始出现，从殷墟晚期到西周时代是青铜动物尊制作的最发达时期，种类繁多，出现了牛、犀、羊、猪、象、鸟、鸭、驹、鱼、虎、兔、貘、凫以及一些神奇动物样的尊形（图3-20）。动物尊数量和种类的增多，与当时礼乐制度有着密切的关系。

（八）壶

壶有盛酒之壶和盛水之壶之分，盛水之壶为盥器，这里指的是盛酒器。青铜器中多有自铭为壶的。青铜壶自商代中期开始出现，流行于西周至汉代或更晚。壶的样式很多，有圆形、方形、扁形、瓠形和圆形带流等多种形状（图3-21）。

（九）卣（yǒu）

卣为商周时期重要的盛酒容器。陶器中无这种器物，铜器始见于商代前期，商代晚期和西周早期比较盛行。"卣"字见于殷商甲骨卜辞、西周金文及先秦文献，宋代人根据《诗经》《尚书》[12]等先秦古籍上的有关记载考

12　《诗经·大雅·江汉》："秬鬯一卣。"《尚书·洛诰》："以秬鬯二卣。""秬鬯"是古代专门用于祭祀的一种香酒，所以卣应该是专门盛放祭祀时所用香酒的容器。

证后而定名。

卣的形体很像壶，除了器物有自铭外，一般区分卣与壶主要看其器盖的盖合方式。壶盖小于器口，盖内插在器口中的为壶；而盖大于器口，盖外扣在器口外的为卣。卣的形状除了椭圆形以外，还有直筒形、方形、圆形以及动物形状的鸟兽卣（图3-22）。

（十）方彝（yí）

方彝，盛酒容器。形制多为方形或长方形，有屋顶形盖，下为圈足。腹有曲的，有直的，有的在腹旁还有两耳。有的方彝内有纵向隔断，将内部空间一分为二，侧壁留有斗孔，为方彝是盛酒器提供了有力证据。殷墟妇好墓出土的偶方彝是罕见的形式。商代早期已有陶质的类似方形器物出现，铜方彝最早见于商代晚期，流行于商代晚期和西周早期。目前既无古籍记载，也无铜器铭文自铭，"方彝"一词是宋代人根据古籍记载，详加考证而名之（图3-23）。

（十一）觥（gōng）

觥，一种盛酒器，以铜或木、角质的材料制成。觥的器型特征是形似匜，前部有流，后部有鋬、盖，盖多兽首造型。有的觥内有横向隔断，将内部空间一分为二，有的觥则内附有斗，为觥是盛酒器提供了有力证据。觥盛行于商末周初，西周早期以后渐趋消失。目前并无青铜器自铭为觥，其名按清末学者研究的称呼约定俗成（图3-24）。

（十二）罍（léi）

罍，盛酒器或礼器。罍出现于商代晚期，流行于西周和春秋，有方形和圆形两种形式。罍的标志性特征是一般在器腹一侧的下部有一个穿系用的鼻。《周礼·春官》："凡祭祀，社壝用大罍。"罍的命名源于器物自铭（图3-25）。

图3-20　商晚期双羊尊

图3-21　春秋立鹤方壶

图3-22　商晚期小臣兹方卣

图 3-23 石鼓山 M3 墓葬出土西周早期方彝

图 3-24 西周父乙觥

图 3-25 商晚期亚父方罍

（十三）醽（líng）

醽是一种少见的大型盛酒器。器型上醽似罍，但不设鼻。青铜醽出现在西周中期，一直发展到春秋时期，器型逐渐由高变低。醽的命名源于器物自铭（图 3-26）。

（十四）瓿（bù）

《说文解字》中写道："瓿，甂也……甂，似小瓿，大口而卑，用食。"青铜瓿来自陶瓿，在商代早期已经出现，流行于商代晚期。青铜器中无自铭为瓿者。器身常装饰兽面纹、乳钉纹与云雷纹等纹饰。瓿的用途颇有争议，有盛酒、盛酱料、盛肉、盛谷物等各种观点（图 3-27）。

（十五）缶

缶，盛酒器、盛水器。这里的缶是指尊缶，而不是浴缶。大腹小口、有盖是其器型特色。《说文解字》解释："缶，瓦器，所以盛酒浆，秦人鼓之以节歌。"青铜缶源于陶缶，缶的名称确认来自自铭（图 3-28）。

（十六）盉（hé）

盉的器型源自陶盉。盉一般为硕腹，有盖，前有流，后有鋬，下有三足或四足，盖与鋬之间有链相连接。对于青铜盉的功能，东汉许慎在《说文解字》中说："盉，调味也。"有的学者认为盉是酒器，在早期可能用来盛调酒水以调酒味的浓淡，这种调酒水，古人称之为玄酒。但是在商代晚期时，盉就常与水器盘同时出现在随葬器中，因此它同匜一样，可用来盛水沃盥，也是一种水器（图 3-29）。

（十七）枓（dǒu）

枓为挹酒器，和盛酒器配套使用，实为取酒浆之器。青铜枓最早见于商代晚期。安徽阜阳汝阴侯墓出土的铜勺其铭文为"枓"。枓作为挹酒器常和卣、尊等伴随出土（图 3-30）。

（十八）禁

禁，承酒樽的器座，是周代贵族在祭祀或宴飨时置放酒器的用具。青铜禁多为长方形，四面有壁，并有长方孔。青铜禁最早见于西周早期，春秋偶尔也有禁，流传甚少。先秦青铜器中没有发现自铭为"禁"者（图3-31）。

三、盥水器

盥水器，古人盛用水的器皿，绝大部分是用于盥洗，因此水器又被称为盥器。它大致可分为盛水器、注水器、盛水器和挹水器四种，包括盘、匜、鉴、汲壶和浴缶等。青铜盥水器一般多为敞口造型，体型较大，器壁相对偏薄，容易受到埋葬环境中墓室坍塌等影响，造成挤压变形、断裂、腐蚀等病害。

（一）盘

盘为盛水器，商周时期宴飨时用之，宴前饭后要行沃盥之礼。商代以前盘用陶制，商代早期出现了青铜盘。器名来自自铭为"盘"的青铜器。西周中期前段流行盘、盉相配。西周晚期到春秋战国则多为盘、匜相配。战国以后，沃盥之礼渐废，盘亦被"洗"替代。

（二）匜（yí）

匜是盥手注水之器，与盘组合使用。匜形多椭长，前有流，后有鋬，多有三足和四足，有的也有盖。据典籍记载，匜的用途是在洗手时盛水从上而下浇水，下面由盘来承接水。青铜匜最早见于西周中期，流行于西周晚期和春秋时期。青铜器中有自铭为"匜"者（图3-32）。

（三）鉴

鉴，大型盛水器。春秋战国青铜器有自铭为"鉴"的。鉴初为陶质，春秋中期出现青铜鉴，春秋晚期和战国时期最为流行，汉代出现漆木鉴。鉴的用途：

图3-26 西周仲义父醽（一对）

图3-27 商晚期兽面纹大瓿

图3-28 湘乡大茅坪一号墓出土春秋蟠虺纹铜缶

图3-29 湖北叶家山曾国墓地出土西周曾侯谏铜盉

图 3-30　山西石楼县后兰家沟出土的商代蛇首扁柄枓

图 3-31　西周柉禁

图 3-32　湖北曾侯乙墓出土的曾侯乙盘与曾侯乙匜

（1）盛水；（2）盛冰；（3）沐浴；（4）鉴容照面（图 3-33）。

四、乐器

青铜乐器是青铜时代音乐文化中最具代表性的历史遗存。青铜乐器按用途可分为两类：祭祀、宴会等典礼时使用和军队使用。形制上，古青铜乐器大致可分铙、钲、钩鑃、钟、镈、铎、铃、錞于、鼓等。不同的青铜乐器之间体量、厚薄、轻重、材质相差悬殊，因此不同青铜乐器的病害类型与程度也差异很大。

（一）铃

铃是中国最早出现的有舌青铜乐器。山西襄汾陶寺遗址（约前 2300—前 1900 年）出土了一例我国迄今考古发现的最早的红铜铸铜铃，作为中国合瓦形铜钟形制的早期实物，它奠定了商周青铜乐器造型的基础，在艺术史上具有划时代的意义（图 3-34）。

（二）铙（náo）

铙是我国最早使用的打击乐器之一，形体似铃而稍大，口部向上呈凹弧形，底部置有一个中空圆管状的短柄，与体腔内相通，柄中可置木段。商周青铜乐器皆无自铭为"铙"的。商周时期的青铜铙用于军队指挥，也用于祭祀和宴乐（图 3-35）。

（三）钲（zhēng）

钲，打击乐器，形体似铙，钲有自铭器，《玉篇》曰："钲以静之，鼓以动之。"它也属于军、乐两用乐器。目前发现的青铜钲最早见于春秋时代（图 3-36）。

（四）钟

青铜钟在中国两周时代主要有五种用途。其一，用作宗庙祭祀与宗族宴飨时的乐器。其二，地位较高的贵族在日常生活中击钟奏乐以炫耀其地位。其三，钟亦可为军中乐器。其四，钟亦有如同一般容器类礼器的用途，即于其上铸铭专以记功烈。其五，在礼乐制度中，编钟的数量与悬挂方法也有贵族阶级分阶层定名位的作用。西周时代的钟多是成套的，构成一定的音阶关系，按大小次第排列，悬挂起来敲击以奏乐，故被称为编钟（图3-37）。

（五）镈（bó）

镈，打击乐器。镈的形制与钮钟相同，但形体较大，在祭祀或宴飨时与编钟、编磬相和使用，盛行于春秋战国时期。镈的器身横截面多为椭圆形。镈为平口，不同于呈弧状的钟口。出土青铜器有自铭为"镈"的乐器（图3-38）。

（六）铎（duó）

铎，一种形状似铃铛的古代撞击乐器，体腔内有舌或无舌，盛行于春秋时期至汉代。《说文解字·金部》记载："铎，大铃也……两司马执铎。"这些文献有力佐证了铎可用于田猎和军旅。出土青铜器中有自铭为"铎"的乐器（图3-39）。

（七）钩鑃（diào）

钩鑃，又名句鑃，是一种组合使用的器物，其形似钲，盛行于春秋晚期至战国时期。出土青铜器中有自铭"钩鑃"的乐器（图3-40）。

（八）錞（chún）于

錞于，我国青铜时代铜制军中打击乐器。錞于形如圆筒，上部比下部稍大，顶上置钮。现发现最早的青铜錞制作于春秋时期。錞于常与鼓配合，用于战争中指挥进退（图3-41）。

（九）鼓

鼓，打击乐器。它来源于木质鼓，形如横置的筒形，上有一个枕形座，用以插杆饰，下为长方形圈足。商周青铜鼓出土和传世极少见，仅见于湖北省博物馆与日本京都泉屋博古馆（图3-42）。

建鼓座是先秦建鼓的配件。据史料记载，"植而贯之，谓之建鼓"[13]。一根长木

图3-33 春秋晚期的吴王夫差鉴

图3-34 山西襄汾陶寺遗址出土的铜铃

图3-35 陕西省旬阳县城北出土的商代铜铙

---

13 《隋书·音乐志》为唐魏征等人所撰《隋书》的第十三卷至第十五卷，编成于唐高宗显庆元年（656），主要取材于隋代诏令、奏议及南北朝至隋代的音乐专著。

柱贯穿鼓身，建鼓座则用于承插建鼓贯柱，稳定建鼓。

五、兵器

青铜兵器是从狩猎工具发展而来。对青铜时代的各国而言，"国之大事，在祀与戎"[14]。作为国家军队必不可少的组成装备，青铜兵器在当时曾被大量铸造。虽然经历了战争与时间的大量消耗，但遗存的青铜兵器仍然是青铜器中的一个大类。青铜兵器可分为攻击性兵器和防御性兵器。攻击性兵器可以分成长兵器、短兵器、远射程兵器，器型包括有戈、戟、矛、铍、戚、殳、刀、剑、匕首、弩机、矢镞等等；而防御性兵器主要是盾、胄和甲。无论是攻击性兵器还是防御性兵器，当时大都与其他竹木、皮革、绳线、髹漆甚至金银珠宝玉石等多种材质一起配合制作与使用，有机类材质容易溃朽，出土往往只剩较耐腐蚀的部分。

图 3-36　陕西省旬阳县城北出土的战国铜钲

图 3-37　战国曾侯乙编钟

在出土的兵器中还有一种比较特殊的陪葬现象——毁兵葬。当时人故意将兵器以扭曲、折断等方式毁坏，并有规律地放置于墓葬中。这种破坏兵器的案例自晚商殷墟时期已经开始。毁兵葬这样"原发性"破坏造成的"病害"本身就带有重要的考古价值，因此它并不归类于需要修复保护的范围。

14　选自左丘明《左传·成公十三年》。

图 3-38　陕西省宝鸡市窖藏出土的春秋秦公镈

图 3-39　忠县瀶井沟崖脚墓第 25 号楚墓出土的战国青铜铎

图 3-40　湖北荆门包山二号墓出土的战国透雕龙纹钩鑃

（一）戈

戈是先秦时期兵器中最常见的一种，古称勾兵，是用以勾啄的兵器。戈由石器时代的石镰、骨镰逐步演变而成，完整的戈由戈头、柲、柲冒和柲末的镈构成，有些戈还配有漆木戈鞘。先秦戈的存世量巨大，不同时代和区域的戈形制和大小也有不同，后期它和矛组合，逐渐演化为戟（图 3-43）。

（二）矛

矛，冲刺型兵器，由矛头、矛柲和矛镈构成。原始石木兵器时期就出现矛的雏形。青铜长矛结构简单，形制设计较抗冲击力，是后期长枪的原型（图 3-44）。

（三）戟（jǐ）

《说文解字》载："戟，有枝兵也。"戟是一种将戈和矛组合在一起，形成具有勾啄和刺击双重功能的格斗兵器，战斗效能明显优于单独的戈和矛。青铜戟大量被用于车战，为"车战五兵"之一。

（四）铍（pī）

铍的外形极似短剑，铍之锋和短剑相同，平脊两刃，铍身断面为六边形，后端为扁形或矩形的茎，以便穿钉固定在长柄上用于刺杀，是古代著名长兵器之一（图 3-45）。

图 3-41　重庆中国三峡博物馆藏春秋青铜虎钮錞于

图 3-42　商代晚期崇阳铜鼓

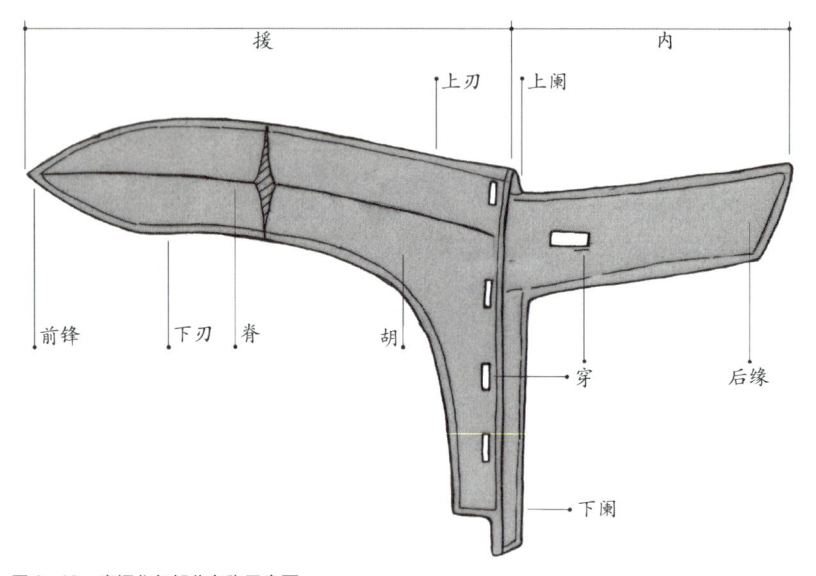

图 3-43　青铜戈各部分名称示意图

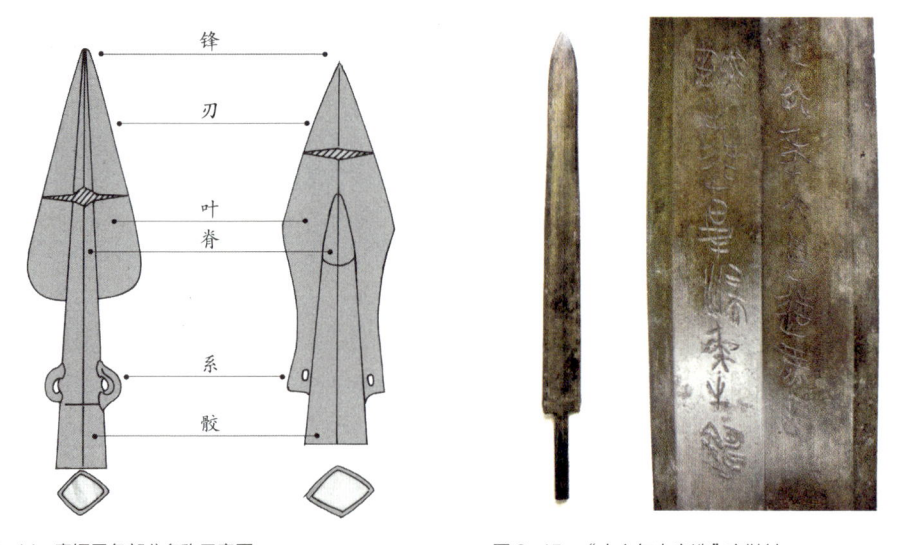

图 3-44　青铜矛各部分名称示意图

图 3-45　"十六年大良造"商鞅铍

（五）铍（yuè）

铍是权杖一类性质的兵器，它由新石器时代作为复合生产工具的穿孔石斧演变而来。"钺者，大刃之斧也。"青铜钺的政治作用远大于军事作用，属于仪仗类器物，一般作为征伐权力的象征（图3-46）。

（六）刀

青铜刀是商周时期人们日常使用的生产工具、生活用具和武器。迄今为止，中国发现最早的青铜器就是甘肃东乡林家马家窑文化遗址出土的青铜刀。它由新石器时代晚期的石刀演变而来。作为兵器的青铜刀主要为砍杀兵器（图3-47）。

（七）剑

剑属于短兵器，素有"百兵之君"的美称。商代中晚期，柳叶形青铜剑在我国西南地区就已经出现。剑是古代贵族和战士随身佩带用以自卫防身和进行格斗的兵器，可斩可刺。东周时期，人们佩剑还有表示身份等级的意思。青铜剑铸造精美，耐腐蚀，铅锡含量相对偏高，容易被折断（图3-48）。

图3-46　湖北黄陂盘龙城出土的商龙纹钺

图3-47　商代龙纹刀

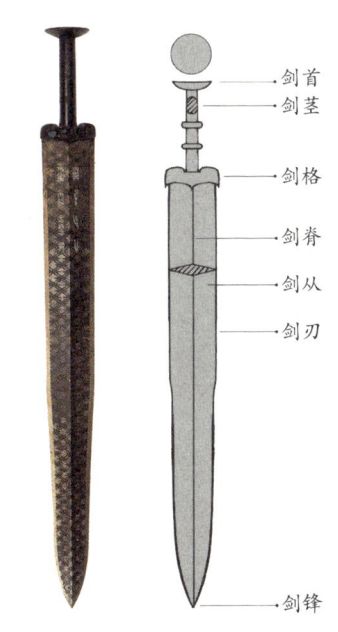

图3-48　越王勾践剑各部分名称示意图

（八）弩机

弩是用机械力射箭的弓，作为中国古代工程技术的发明之一，是由弓发展而成的一种远程杀伤性武器，是冷兵器时代军事中的重要武器。弩由弓、弩臂、弩机三个部分构成。弓和弩臂大都为有机材质，在埋葬过程中基本已溃朽。弩机是一种转轴联动式的精巧青铜装置。弩机由望山、牙、钩心、销轴、悬刀、机身等部分合成一个整体（图3-49）。

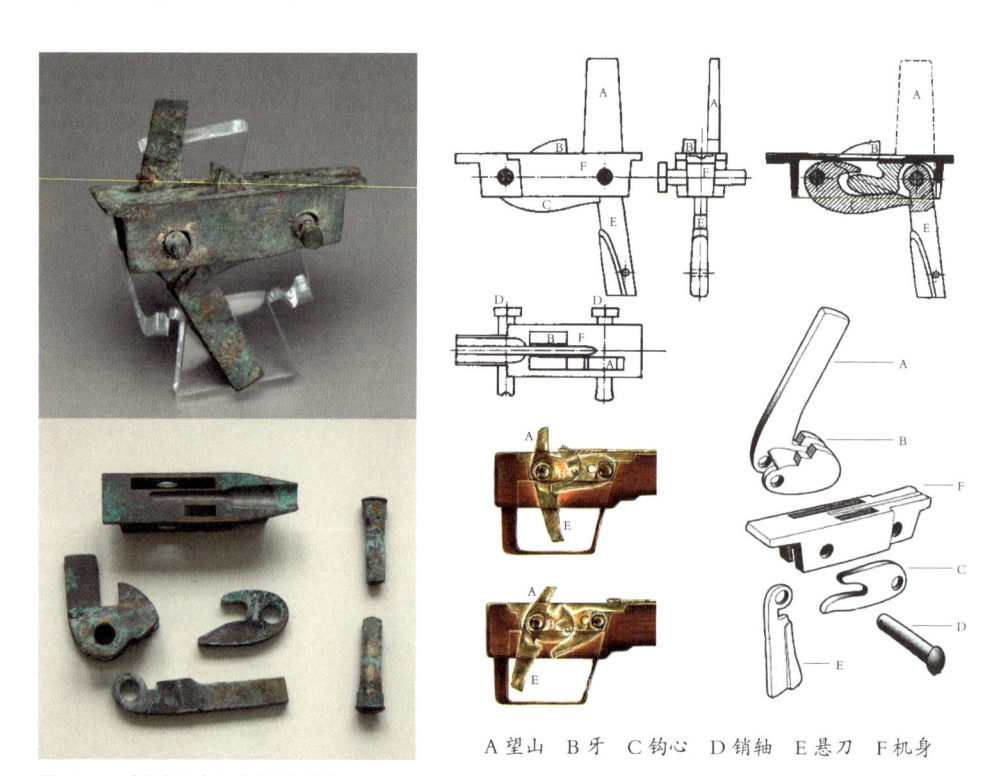

A 望山　B 牙　C 钩心　D 销轴　E 悬刀　F 机身

图3-49　青铜弩机各部分名称与结构

（九）矢镞（zú）

箭由矢镞、箭杆、箭羽等部分组成。若把具有远程杀伤性武器的弓弩比作枪支的话，那矢镞就是子弹。由于箭是消耗品，箭杆、箭羽多为有机材质，因此现在发现的大多是最具杀伤力的矢镞部分，其整体设计非常符合现代空气动力学原理。青铜矢镞最早见于夏代晚期（图3-50）。

（十）胄（zhòu）

胄，保护头部的服具，又称盔，汉以后又叫"兜鍪"。胄出土量较少（图3-51）。

六、工具

青铜工具，包含有青铜农具以及青铜生产工具。农业与手工业农作是青铜时代最基本的生产方式，青铜工具大都由早期石质、骨质工具演变而来。已经发现的青铜工具主要包括耒、耜、铲、镬、锛、锸、锄、镰、斧、斤、凿、锯等。青铜工具一般结构比较简单，铸造厚实，注重耐用性，没有过多纹饰（图3-52）。

图3-50 青铜矢各部分示意图

七、杂器

杂器实则是一个数量庞大、品类繁多的实用器群体。它包括除上述的七大类以外的所有青铜制品，大致分为货币、度量衡、符与印玺、建筑构件、车马器、铜镜等生活用具。这些杂器存世量大，公私收藏皆数量可观，传播地域广，流传时间长，很多品类已自成体系，是日常文物修复保护中遇到的数量最多的品类。

图3-51 江西新干大洋洲出土商兽面具纹青铜胄

1. 生活用具

生活用具包括铜镜、带钩、灯具、炉具、炊具等等。

2. 货币

我国早期的青铜货币是由青铜工具演变发展来的。根据考古发掘的钱币实物，大致可将其归纳为四大货币体系：周王室直接统治的都城洛邑以及三晋地区使用的由农具铲演变而来的布币体系；燕、赵以及齐国等地，从春秋晚期开始使用的刀币体系；战国中期以后，北方魏、秦、燕等国，开始出现圆形有孔的圜钱体系；南方的楚国则使用铜贝，又称为蚁鼻钱体系。

3. 度量衡

青铜制作中用于计量物体长短、容积、轻重的工具的统称。其中"度"是指计量长短用的工具，例如尺；"量"是指测定计算容积的量器，例如量、升、斗、豆、甗；"衡"是指测量物体轻重的工具，例如权。

4. 符与印玺

符是古代朝廷用作凭证的信物。最早的符多以竹木为之，战国时期方以铜为之。符上书文字，剖分为二，双方各执其一，使用时以两片相合，以验真假，称为"符合"。

兵符是古代调遣兵员的凭证。战国及秦汉时期兵符多选用虎形，故后世称为"虎符"。

目前我国发现的最早的青铜玺印实物是河南殷墟遗址出土的商代青铜印章，对研究我国印章的起源具有重要意义。它说明中国印章的起源至少可上溯到殷墟时期。早期印章的起源与陶印模有一定的关联，殷墟时期青铜印章在主要功能上与青铜器铭文类似，用以标识主人的私名或氏族。

5. 建筑、家具、家装构件

目前已知使用于建筑物上的青铜质构建最早实物出现于商代早期。随着铸造技艺的普及，可以反复拆卸的青铜帐篷构建、家具连接折叠构建，以及可以相互替换的同尺寸构件的出现。这证明在2400年前，我国青铜配件生产便可以批量化、制式化、标准化，这与现代工业产品设计理念不谋而合。

6. 车马器

车马器，包含车器与马器。车器是指车上的所有功能性和装饰性铜质配件。马器是指附着于马身上的功能性和装饰性铜质器具（图3-53）。

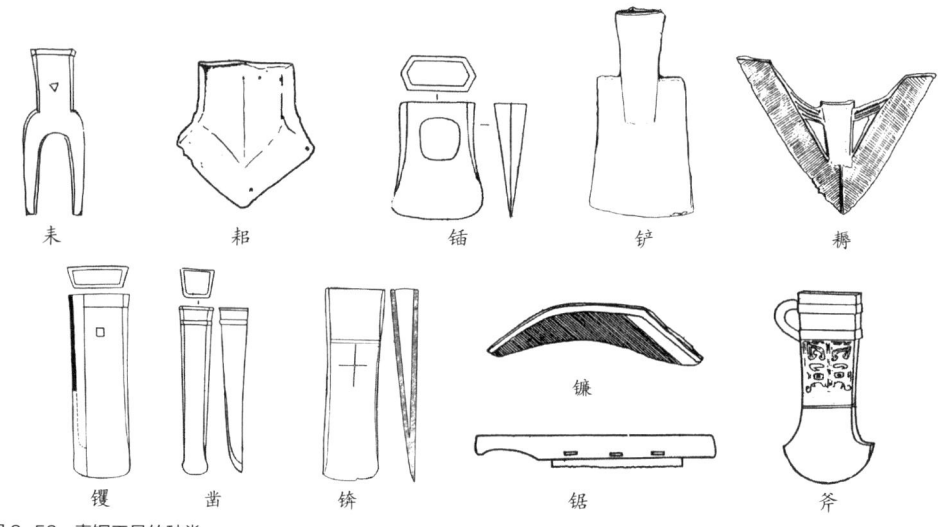

图 3-52　青铜工具的种类

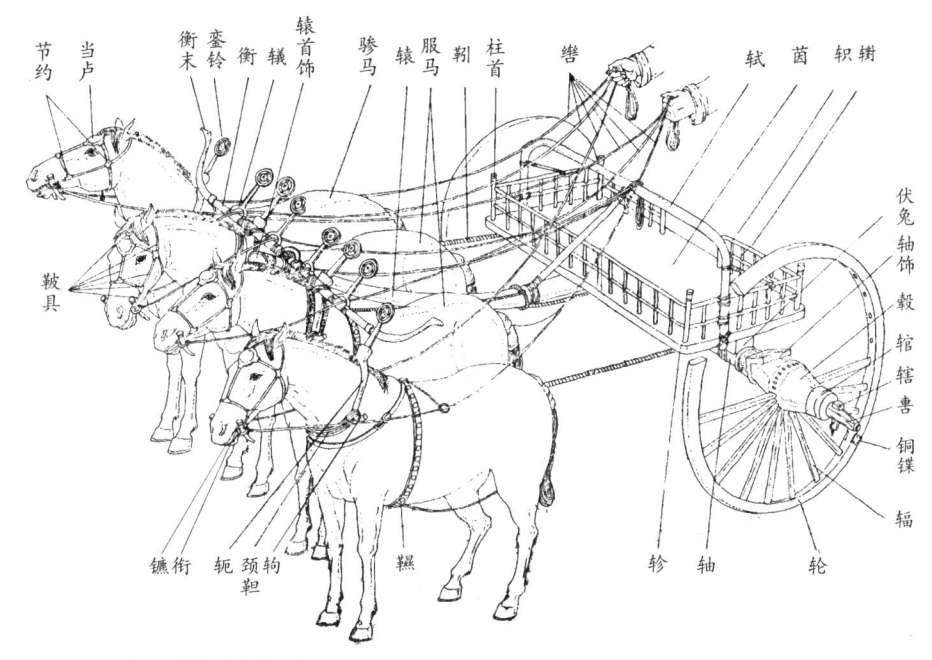

图 3-53 西周车马器各部分名称示意图

思考题

1. 中国先秦青铜器分为几大类别？各有哪些代表器型？

第二节 中国古代青铜器的时代特征

不同时期、不同研究者对于中国青铜器的分期有不同的理解。本书基本采用的是上海博物馆中国古代青铜馆的青铜器分期法，分别为萌生期青铜器、育成期青铜器、鼎盛期青铜器、转变期青铜器、更新期青铜器、衰退期青铜器（图 3-54）。

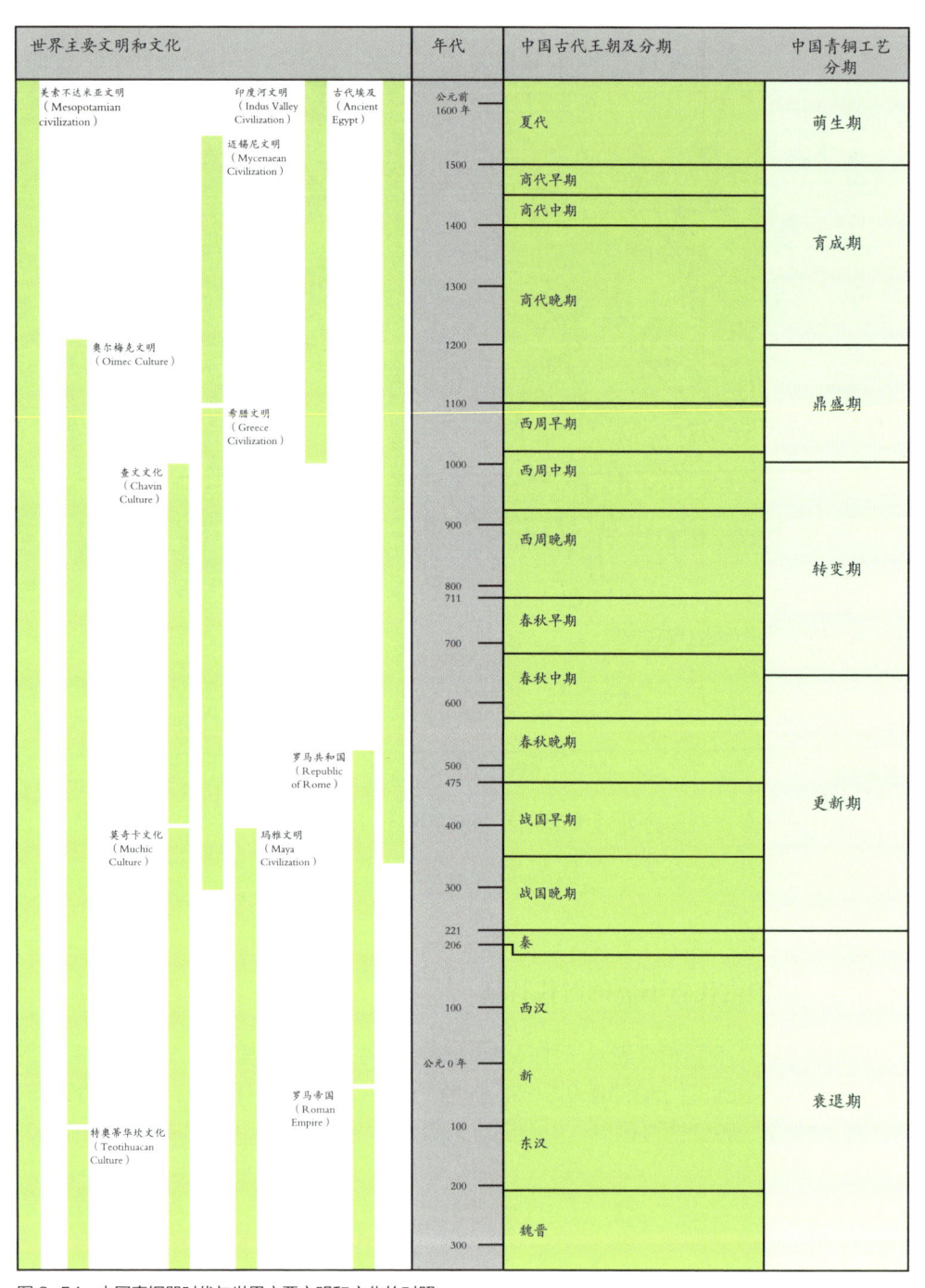

世界主要文明和文化	年代	中国古代王朝及分期	中国青铜工艺分期
美索不达米亚文明（Mesopotamian civilization）　印度河文明（Indus Valley Civilization）　古代埃及（Ancient Egypt）	公元前 1600 年	夏代	萌生期
迈锡尼文明（Mycenaean Civilization）	1500	商代早期	育成期
	1400	商代中期	
	1300	商代晚期	
奥尔梅克文明（Olmec Culture）	1200		
	1100		鼎盛期
希腊文明（Greece Civilization）		西周早期	
查文文化（Chavin Culture）	1000	西周中期	
	900	西周晚期	转变期
	800 711	春秋早期	
	700		
	600	春秋中期	
		春秋晚期	
罗马共和国（Republic of Rome）	500 475		更新期
	400	战国早期	
莫奇卡文化（Muchic Culture）　玛雅文明（Maya Civilization）	300	战国晚期	
	221 206	秦	
	100	西汉	
	公元0年	新	衰退期
罗马帝国（Roman Empire）	100	东汉	
特奥蒂华坎文化（Teotihuacan Culture）	200		
	300	魏晋	

图 3-54　中国青铜器时代与世界主要文明和文化的对照

一、萌生期青铜器

二里头文化（前21世纪—前17世纪）是介于中原龙山文化和二里岗文化的一种考古学文化。它是中国青铜时代的开端，是华夏文明的重要组成部分。遗址发现有铜炼渣、坩埚残片、孔雀石等铸铜遗迹，表明确实有铸铜工艺存在。

二里头文化青铜器的造型和纹饰承接了新石器时代石器和陶器的特征，又在形制上有着显著区别。这些现象表明，中国青铜工艺在初创阶段就进步快速，由仿制陶器迅速发展到了自主设计器型。二里头文化出土的青铜器上迄今还未发现文字。其形制上一般器壁较薄，纹饰简单。器身上常有铸补痕迹，这证明了青铜铸造技术初期就已经出现了以恢复功能性为目的的铸补修复工艺。由于器壁轻薄，挤压变形与断裂残缺往往是这一时期出土青铜器的最大病害。

二、育成期青铜器

商（前16世纪—前11世纪），公元前16世纪，商汤灭夏建商。郑州是商代早期的重要城邑，这里出土的商代早期青铜器基本摆脱了陶器形制的影响。商代中期青铜器装饰的主题是兽面纹，纹饰多为阴刻，粗犷而简洁，兽面纹往往双目突出，器物附饰开始采用高浮雕手法。商代中期的青铜器上，还出现了一些类似文字的符号。

三、鼎盛期青铜器

多姿多彩的纹样装饰将商代晚期青铜工艺推向了青铜时代的第一个高峰。铭文在商代晚期相当数量的青铜器上出现，以氏族徽记和名号为主。其文字较多保留了象形文字的特点，笔势刚劲，笔画浑厚，被称为"波磔体"。

商代晚期铜矿开采和冶炼较之过去有相当大的发展，青铜器的器壁普遍厚重，更为复杂的浇铸、分铸、铸焊、铆接等技术也被广泛应用。这一时期的青铜器受到历代金石藏家的追捧，因此通过伪刻纹饰和铭文、拼凑、改制等手段来修复和作伪的现象在这一时期相当普遍。

四、转变期青铜器

西周中晚期的青铜器形成重食的系统，列鼎制度、编钟制度和赐命作器之习已经形成。作器铸铭盛行，多见有长篇铭文的重器。青铜工艺开始由鼎盛期的豪华精丽向端庄厚重转变，器型的简洁实用和纹饰的朴实简约相得益彰。

五、更新期青铜器

春秋战国时期，王室的礼器几乎消失，代之而起的是列国器物的大量出现。青铜器地域风格逐渐形成，各地区之间交流往来。青铜铸造技术得到长足进步，模印法制范、铸镶、嵌错、鎏金、锻打、铆接等多种工艺得以空前发展。其中失蜡法的应用，使青铜艺术上升到一个全新的高度。高超的青铜铸造技术使得这一时期很多斗巧争新的青铜器器型层出不穷。这一时期的青铜器纹饰烦琐，器型偏大，工艺复杂，这也使得器物病害变得更为复杂。

六、衰退期青铜器

中国青铜器的衰退期是指两汉至魏晋时期。此时，冶铁工业的飞速发展以及制陶、漆木等多种手工业的发达，使青铜铸造业迅速萎缩。但青铜器并未彻底消失，铜镜、带钩、灯具等日用铜制品仍被广泛使用。

思考题

1. 中国先秦青铜器的发展过程分为几大时期？各有哪些特点？

第三节　中国古代青铜器的制造工艺

先秦时代，中国人已经掌握了很多青铜器制造加工成型的方法，包括铸造成型、塑性成型、切削技术以及焊接技术等。其中主要的成型方法就是铸造成型与塑性成型。

一、铸造成型

铸造是指将固态金属熔化为液态倒入特定形状的铸型，待其凝固成型的加工方式，是人类掌握得比较早的一种金属热加工工艺，也是商周青铜器最主要的制造方法。中国古代青铜器铸造技术可分为范铸成型与熔模铸造两类。

（一）范铸成型法

范铸成型法是以模与范组合成铸型，因此，模与范是青铜器铸造过程中不可或缺的重要用具。汉王充《论衡·物势》[15]曰："今夫陶冶者，初埏埴作器，必模范为形，故作之也。""模范"一词本义就是指制造器物时所用的模型，引申义才是指值得

15　《论衡》，东汉王充所著，始作于永平二年（59年），至永元二年（90年）完成，《物势》篇是其中之一。

人学习或取法的榜样。[16] 在铸造中，"模"是指用于制范的原型，"范"是指依照模的形状和纹饰翻制出来的铸型。二者相配合，形成"依模制范，依范制器"的流程。"范"又分单范与复合范，多层次复杂的青铜器型与纹饰必须用复合范才能铸成。随着技术的发展，"模范"的材质也伴随着技术的进步而不断地改进。根据不同的材质，"模范"大致又可以分为以下三类。

1. 石范

石范是目前已知最早的用于铸造的模具材料之一。这与人类早期文明从漫长的石器时代发展而来密不可分，石器时代的先民早已熟练掌握了石材的性能与制作石器的方法。石范需雕刻型腔与纹饰才可铸器。石范一般用青石板、蛇纹石、滑石等雕刻而成，硬度低，质地细腻，易雕刻精细纹饰，且可重复使用。不过石范的透气性差，要利用合范间隙来解决透气性，定位困难，加工效率低，精度差。这些决定了石范只能用于铸造一些表面纹饰简单的工具、武器和货币类青铜制品，图3-55为中国国家博物馆收藏的东周齐国齐大刀石子范。

2. 陶范

陶范法，又被称为块范法，是将中国青铜时代引向辉煌的铸造技术，其精细与多变的组合适用性也是将青铜器纹饰发挥到极致高度的技术。

由于中国古代文献中关于金属技术的记载非常少，一些研究中国早期青铜器铸造技术的西方学者将中国的青铜器物贴上了失蜡法铸造的标签。直到1929年和1933年，在安阳附近发现商代陶范残片的文章发表，一条研究中国青铜器铸造方法的全新路径开创了。此文认为陶范法是早期中国熟练制陶技术的衍生产物，其中涉及冶金发展中提高炉温的控制。用陶范法可以直接将陶器的制作程序，转换到生产与陶器器型相同或相似的青铜器。陶范还可以一次性同时制作器物的外形和装饰。学者们开始意识到，在公元前13世纪，中国商代中原地区以陶范来铸造青铜器的独特方法，其精美程度达到了前所未有的水平。

陶范的原料是由砂、熟料（使用过的陶范粉）、草木灰、植物纤维及原生土按照一定比例混合制成的。混合料中的砂能增加陶范的耐火度，熟料能减小陶范在高温中的收缩量，植物纤维和草木灰能增加透气性。配制好的混合料要加入适量水后充分揉捏，使成分混合均匀，还需在潮湿环境下放置一段时间，陈腐状态稳定后，才能用于翻

---

16 李迎华、杨益民、周卫荣、董亚巍等：《古代陶范原料配方含有草木灰的化学判断方法》，《岩矿测试》2009年第2期。

图3-55 东周齐国齐大刀石子范

制陶范,以达到器型完整、纹饰精美的最佳铸造效果。先秦不同时期的陶范与陶模见图3-56至图3-59。

图3-56 河南安阳出土商代簋陶范

图3-57 陕西省扶风县法门镇庄白村西周铸铜作坊遗址出土西周陶模

图3-58 山西侯马东周晋国铸铜遗址出土东周陶模与陶范

图3-59 战国团花纹环耳铜敦及其陶模与陶范

陶范法铸造青铜器的方法主要有浑铸法、分铸法和叠铸法。

浑铸法,亦称"整体浇铸法",是块范法的一种,将一件铸器的所有部位以一次浇铸制成完整器型。商和西周时期多使用此法铸造器物。凡是采用浑铸法铸成的器物,表面遗留的范线是连续的,即每条范线皆可上下连接。图3-60为陶范法铸造浑铸法流程(以上海博物馆收藏的西周父庚觯为例)。

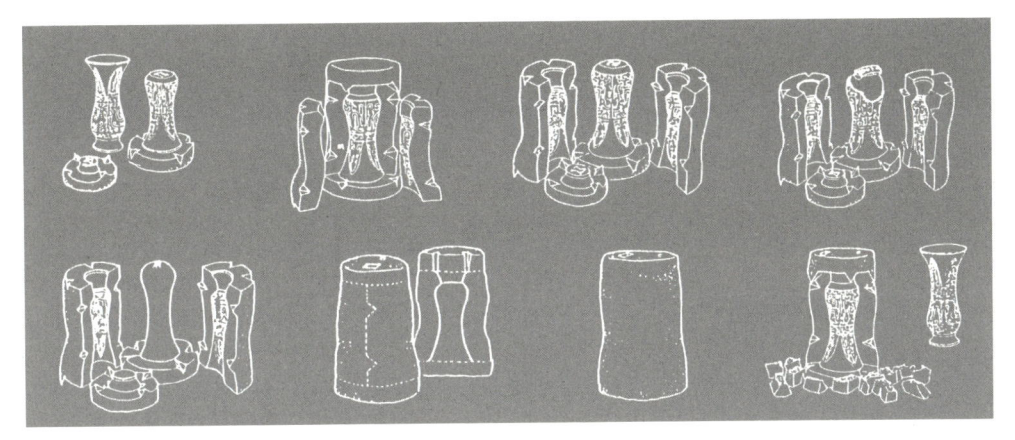

图 3-60　上海博物馆藏西周父庚觯陶范法铸造浑铸法流程模型

　　分铸法是指青铜器物主体与其耳、鋬、足、柱等附件分开铸造，或一件青铜器物整体需经两次以上铸造而成的一种铸造工艺。它是对于整体造型较为复杂，某些构件不能联体制范的青铜器，为减少整体制范的块数，提高浇铸成功率所采取的一种铸造方法（图 3-61）。上海博物馆藏春秋子仲姜盘上的鸟、鱼、蛙等小动物都是采用分铸的方法制作和连接的。

　　叠铸法是指将多件铸范（即铸型）叠合成型，共用一个浇口浇注，一次可得到多个铸件的古老铸造工艺。新莽叠铸布币钱树，通高 85mm 左右，最宽处 57mm 左右，总重 1009g 左右（图 3-62）。

图 3-61　春秋早期子仲姜盘上分铸附件

图 3-62　新莽叠铸布币钱树

3. 金属范

　　早在先秦时期，我国即出现了金属范铸工艺。铜范是金属范的一种。金属范铸纹饰的原理和石范有些类似，纹饰需事先刻画在金属模范上（金属范本身也是通过陶范铸造的），可反复使用。早期金属范往往是和陶范组合使用，完成单面带有纹饰的青铜铸件。到了秦汉时期，这一工艺已广泛应用于钱币铸造，金属范也逐渐成为铸币陶范的母范，成为重要的铸钱工艺，对我国钱币铸造技术乃至金属铸造技术的发展有着重要的影响（图3-63）。

（二）焚失铸造法

焚失铸造法又称"失模铸造"，是一种整体铸型工艺，常用于铸造中国青铜器的附件，其特点是铸件没有范线。例如在制造绳纹编织效果的青铜配件时，直接将易被焚毁的绳子编织做模。整体的外范包裹后，连同模及范一起焙烧，编织绳经高温成灰。除去这些灰后，就可以获得一个完整的铸型。焚失铸造法在商中期就已出现，东周时期使用已遍及黄河及长江流域，也为后期失蜡法的出现提供了基础（图3-64）。

图3-63 新朝阳文货布铜范

（三）熔模铸造法

熔模铸造法是采用中低温可熔性材质（例如蜡、铅等）做成铸件的模型，再用耐高温材料填充和包裹。经过高温烘烤，中低温可熔性材质全部熔化流失，整个铸件模型变成空腔，再往内浇灌青铜溶液，铸就成器。

失蜡法是熔模铸造法中使用最广泛的一种。在中国，失蜡法的出现晚于范铸法。据考古资料显示，中国失蜡法技术最早出现在春秋时期。1978年，河南省南阳市淅川县丹江口水库西岸仓房镇下寺村春秋楚墓出土的春秋中期云纹铜禁是中国目前发现的最早的失蜡法铸件之一（图3-65）。

图3-64 南京春秋土墩墓出土的青铜鼎耳采用焚失铸造法制作

与范铸法不同的是，失蜡法主要是以蜡做成铸件的器型与纹饰，再用耐高温材料填充泥芯和敷成外范。经过加热烘烤后，蜡模全部熔化流失，再将青铜熔液浇灌入空腔，便铸成器物。以失蜡法铸造的器物可以达到传统范铸法无法达到的内部三维结构，呈现出玲珑剔透的效果，如同三维

图3-65 南阳淅川下寺春秋楚墓出土的春秋中期云纹铜禁

打印效果一般,这是铸造技术的一大进步(图3-66)。

上海博物馆展示了熔模法(失蜡法)铸造西汉鎏金透雕蟠龙熏炉的技术步骤(图3-67)。

无论采取哪一种铸造工艺,器物铸成脱除外范后,对铸件的修整是至关重要的。《荀子·强国篇》称:"刑范正,金锡美,工冶巧,火齐得,剖刑而莫邪已。然而不剥脱,不砥厉,则不可以断绳。剥脱之,砥厉之,则劙盘盂、刎牛马忽然耳。"这一段话虽特指铸剑,但对先秦青铜器制作亦有比较普遍的意义,它将器物铸造明确地分成铸造、铸后加工两阶段。前四句概括了古代青铜器冶铸工艺的四个要素,意为:铸型必须形制端正、尺寸准确,要用优质的铜锡配制合金,匠师具有熟练的技艺,合金的熔炼、浇注均要火候得当。这体现了先秦时期人们对冶铸技术要诀的理解。

图3-66 采用失蜡法铸造的战国曾侯乙尊盘

后一段就是讲求铸后加工的重要地位。事实上,铸后加工由粗到细、由简到精的整理打磨过程,对青铜器纹饰最终呈现的效果具有关键的作用。

二、塑性成型

塑性成型是古代金属加工的重要方法之一,它是利用一些工具或模具,使金属材料在外力作用下获得一定形状及一定力学性能的工艺方法,工序包括锻造、轧制、錾刻等。

(一)锻造

锻造工艺是一门古老的技术,在铜器出现的早期就已经被使用。人们利用金属塑性变形的规律,采取合理的技术措施,将金属材料在固态下成型,制成各种工具、兵器、农具和日用品。从国外早期铜器出土资料可知,迄今所知较早的纯铜器,发现于土耳其恰约尼前陶新石器时代遗址中,时间为公元前7500年左右。这些纯铜器就是利用自然铜矿石直接打制的钻孔珠、方形的扩张锥及别针等。我国齐家文化遗址中出土的中国早期铜器中的纯铜器,也基本为直接打制成型的。

图3-67 上海博物馆展示的失蜡法铸造的工序与流程

（内胚贴蜡、雕刻蜡模、组装浇口、制作外范、烘烤脱蜡、浇注铜液、清除外范）

图3-68 陕西刘家洼芮国都城遗址出土春秋交龙纹青铜盖盒

锻造的方法也随着技术发展而呈现多样化、高质量面貌。例如，利用模具进行锻打成型的模锻，从板料上切割分离出所需形状和尺寸冲裁方法等，总之，即利用金属天然柔韧性和延展性，通过锻造、挤压、切割、折叠的方法将金属塑造成器。陕西省澄城县刘家洼春秋时期芮国都城遗址出土了数件采用锻造、切割、折叠以及錾刻等方法制作的春秋交龙纹青铜盖盒（图3-68）。

（二）錾刻

錾刻是一种利用金属材料的延展性，在金属器表面结合锻打、挤压、雕刻等方法制造纹饰的装饰工艺。它在青铜器纹饰的制作工艺中占有一席之地。"錾"与"刻"是两种不同程度的纹饰成型工艺。錾，小凿也，正所谓"錾无锋"而"刻有锋"，前者大片圆润，后者深狭精细。当然其中还融合了一些钻孔、打磨等切削加工工艺，它们都是随玉石器、骨角器等加工技术演化而来。操作者利用坚硬而精细的各种錾子，在青铜器表面凿刻和镂刻出繁缛精致的人物、动植物以及几何纹样图案，使素器变得精美而华丽，并适用于金、银、铜等多种具有良好延展性金属的加工（图3-69）。陕西梁带村芮国遗址博物馆藏有芮国遗址出土采用錾刻工艺的青铜马面具，甘肃省博物馆藏大堡子山出土采用錾刻工艺制作的鸷鸟形金饰片。

錾刻萌芽于春秋晚期，成熟并流行于战国及汉代，是后期青铜器纹饰装饰技法之一。云南江川李家山出土的八牛贮贝器的束腰圆筒形器身上錾刻了牛、孔雀、马、雉鸡等四层动物造型（图3-70）。

图 3-69 采用錾刻工艺制作的鸷鸟形金饰片

思考题

1. 列举青铜器制造的方法。
2. 阐述范铸成型法与熔模铸造法的特点。

第四节　中国古代青铜器的纹饰分类

李济先生说："中国古代文明中至少有三件事物是确确凿凿土生土长的，即骨卜、蚕丝与殷代的装饰艺术。"这里所谓殷代的装饰艺术，主要就是指青铜器的装饰工艺，包括青铜器的纹饰。它具有极高的艺术、宗教及历史学价值。

青铜器的研究，除分期、铭文、工艺备受关注外，青铜器纹饰也一直是人们研究的对象。纹饰是装饰花纹的图案总称。青铜器纹饰是装饰青铜器的图案，是千年中国美术发展史的非常重要的组成部分。世界上所有的图案纹饰都是由简入繁、由粗变精，这仅是人类对图案纹饰的追求日

图 3-70 汉代八牛贮贝器上錾刻纹饰

益细化，需要赋予纹饰更多的内涵，从而表达更多的信息。其实这种对纹饰图案的不断追求也是人类脑力思维的进步，是创造力的图案纹饰化表现。从另一角度来看，要将这些创造力付诸实施，变为作品，需要技术工艺的不断细分化和进步，如此方能不断创造与实现之前不能完成的作品。

青铜制品初诞生时，其表面基本是素的，因为相对材料的变革而言，功能性是其最大的价值体现。随着铜、青铜等金属制品需求的增加，其制作工艺也随之飞速提高与成熟，并不断趋于完善。以至于在汉代之前，青铜器的铸造工艺就已经基本完成了进化，成为一项稳定和成熟的工艺，在其后的千年间，青铜制作工艺并没有太大改变。而青铜器的纹饰，在青铜时代的不同时期却具有各自的特点，并随着时代的前进、地域的变迁而不断演变与创新。从萌生期简单的阴纹线条到鼎盛期青铜器上复杂的"三层花"[17]纹饰，青铜器纹饰正是这种演变与创新的图案性体现，是先秦青铜器的一种图形化的语言。

一、解读青铜器纹饰的意义

中国青铜器是先秦时代权力和财富的奢侈用品，是政治和宗教最主要体现的承载物。因此青铜器纹饰不仅是青铜器表面的装饰纹样，还是当时手工艺水平、铸造技术、科技能力、历史文化、社会形态、宗教信仰等信息的集中体现。正如德国艺术史家格罗塞所说："原始形态的艺术有时给人的第一感觉是怪异而无艺术性的；一旦我们更细致地考察，便会发现它的形成与支配最高艺术发展的规律是相适应的。"

从不同角度对青铜器纹饰进行解读，是全面认识和理解纹饰的有效方法。以青铜器纹饰中的动物纹饰为例，早期的人类文明里任何一种纹饰以及所谓的神兽、神物大都是以具象的形式呈现，它们大部分来源于自然界各种动植物的组合拼凑。有学者认为，人类的想象力并非生来就天马行空，而是一种阅历与知识体系累积的变量。在人类漫长的认知过程中，我们很难跨越有限的已知空间领域，去想象和表现出一种当时从未见过或感知过的物质。在那个推崇具象化的青铜时代，这一现象在青铜器的纹饰中也得到体现。

纹饰产生的原因除了装饰以外，还具有震慑、崇拜、阶级区分等象征意义。承载信息的纹饰需要具有描述和传递的功能。一种功能性的纹饰需要落实制造时必须呈现一个具体形象。纹饰的具象化也便于复制与推广。青铜器纹饰正是以这样一种形式而存在的。

纹饰作为装饰图形具有时代性与流行性，青铜器纹饰会随着时代变化而不断变化。不同时期的纹饰体现了不同时期的风格，同一时期相同的纹饰不仅会在青铜器

---

[17] "三层花"是旧时古董行业内术语，是指青铜器上高低不同层次的三种纹饰，即凸出的主纹饰、主纹饰上的阴刻纹饰以及铺底的云雷底纹。

上出现，还会在同一时期的其他器物之上出现（图 3-71）。对文物修复而言，对青铜器纹饰的多元化解读，可以使人进一步把握纹饰变化的规律与特性，从而在修复与保护青铜器的过程中准确地融会贯通，这是提高鉴定与修复能力的必修课程。

图 3-71　商晚期雷纹白陶罍（左）、安阳妇好墓出土商武丁时期雷文玉簋（中）、陕西渭南澄城县刘家洼 M2 出土交龙纹金杖首（右）

二、青铜器纹饰的分类与定名

研究青铜器纹饰和研究青铜器本身一样，都是从分类和定名开始的。最早对纹饰有所论述的是宋人的《考古图》[18] 与《博古图录》。如《考古图》论及五癸鼎，"鼎文作龙虎，中有兽面，盖饕餮之象"，并引《吕氏春秋》云："古者铸鼎象物以知神奸（能害人的鬼神怪异之物），鼎有此象，盖示饮食之戒。"

《考古图》的作者吕大临作为中国古代最有成就的金石学家之一，也被后世很多人称为"考古学的鼻祖"。《考古图》收录当时宫廷和私人收藏家手中的古铜器、古玉器等，达到了 234 器（图 3-72）。作者在书中对每一件器物都仔细地进行线稿描摹，并对器物的尺寸、容量、重量、出土地方和收藏处等进行了详细记录，对青铜器和青铜器铭文做了系统的研究。该书是我国最早系统地收录古代器具的图册，在考古学中有开创性的历史意义。这对考古学、古文字学以及青铜器纹饰的研究都有重要的奠基作用。

《宣和博古图录》对其著录的器名、铭文做出了详尽说明和精审考证。"腹有蝉纹，脰饰饕餮，间之云雷，亦以贪者惩也"[19]，这便是最初宋人描述青铜器时对纹饰的命

18　《考古图》是一部金文著录，全书共十卷，成书于元祐七年（1092），比较系统地著录了当时宫廷和私家收藏的古代铜器、玉器。
19　王黼编纂的《宣和博古图录》成书于宣和五年（1123），为中国宋代金石学著作，由宋徽宗敕撰。该书著录了宋代皇室在宣和殿收藏的自商代至唐代的青铜器 839 件，分为 20 类。每件器物都有摹绘图、铭文拓本及释文，并记有器物尺寸、重量与容量。有些还附记出土地点、颜色和收藏家姓名，并有对器名、铭文所做的详尽说明和精确考证。

名。由此，"蝉纹""饕餮""云雷"等名称多为后人所沿用。后来清人又增加了"蟠虺""蟠螭""夔纹""凤纹"等纹饰名称。

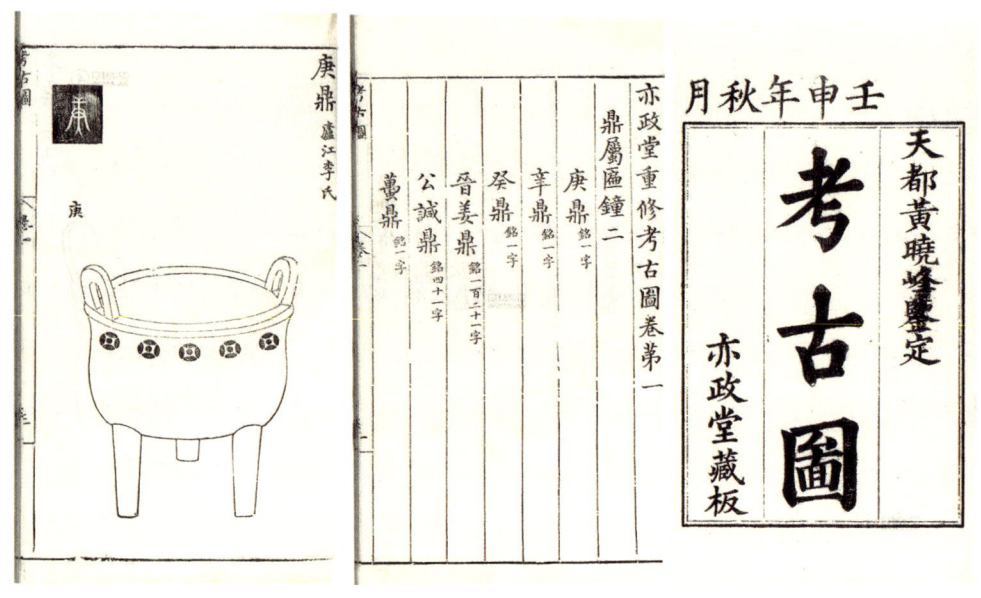

图 3-72　清乾隆十八年（1753）天都黄晟亦政堂刻本《考古图》

1941 年，容庚先生在其所撰《商周彝器通考》中，第一次比较系统而准确地对青铜器纹饰做了定名，并对纹饰进行了形式划分，说明了每类纹饰的名称来源、沿革，比较了同种纹饰的不同形式。

本章节根据上海博物馆青铜研究部梳理的青铜器纹饰分类规律，将商周时代青铜器纹饰大致分为八类：几何纹、兽面纹、龙纹、凤鸟纹、各种动物纹、火纹、各种兽体变形纹和人物画像等。

（一）几何纹

几何纹是由几何基本元素（点、线、圆）所组成的有规律的纹饰，纯属形式上的变化和结构上的美感。这种纹饰在原始社会的彩陶上早已出现，在早期作为主要纹饰的机会非常少，通常作为主纹的陪衬或地纹使用。青铜器上的几何纹大致有连珠纹、弦纹、直条纹、横条纹、斜条纹、云雷纹、火纹、三角纹、乳丁纹、绹纹等。

连珠纹：连珠纹旧称圈带纹，以小圆圈作横式带状排列，在二里头文化时期就已经出现，是青铜器中出现最早的纹饰之一。它的图案有实心、圆圈，以及圆圈中有一小点。连珠纹是用一个管状物在陶范上印制而成，圈与圈间距的排列疏密自然（图3-73）。

云雷纹：云雷纹是商周青铜器上出现频率最高的几何形纹饰，呈圆弧形或方折的螺旋线条（图3-74）。云雷纹最早出现在新石器时代晚期，直到汉代才随着青铜器的衰退而逐渐消失。云雷纹在构图上通常以四方连续或二方连续式展开，看似平整的云雷纹通常高于器表。云雷纹排列组合的方向是有规律的，开口的一面总是朝向主纹饰（图3-75）。云雷纹有拍印、压印、刻画、彩绘等表现技法，在商周遗址出土有印制云雷纹的陶拍（图3-76）。

火纹：火纹或称涡纹，基本特征是圆形图案，沿边有四至八条弧线向同一方向弯曲，中间有一突起的圆圈（图3-77）。火纹盛行于商晚至周早，一直沿用到战国。

（二）兽面纹

兽面纹是商周青铜器上最常见的纹饰之一，最早出现在长江中下游地区的良渚文化陶器和玉器上。兽面纹又称"饕餮纹"。"饕餮"一名首见于《左传·文公十八年》[20]："缙云氏有不才子，贪于饮食，冒于货贿，侵欲崇侈，不可盈厌，聚敛积实，不知纪极。不分孤寡，不恤穷匮。天下之民以比三凶，谓之饕餮。"杜预注："贪财为饕，贪食为餮。"饕餮为传说中的一种贪食的恶兽，也比喻贪婪凶恶的人。《吕氏春秋·先识览》[21]曰："周鼎著饕餮，有首无身，食人未咽，害及其身，以言报更也。"饕餮纹这种名称是金石学兴起时，由宋人而定，现代学界将其统称为兽面纹。兽面纹的布局一般为：以鼻梁为中线，两侧对称分布目纹、角纹、鼻纹、眉纹、耳纹、口纹、身体等几个部分。按角纹的形状，兽面纹又可分为外卷角兽面纹、内卷角兽面纹、

图3-73 商中期连珠纹

图3-74 西周云雷纹卣

图3-75 商晚期云雷纹

图3-76 印制云雷纹的商周陶拍

---

20 《左传》原名《左氏春秋传》，是我国现存第一部叙事详细的编年体史书，旧时相传是春秋末年左丘明为解释孔子的《春秋》而作。
21 《吕氏春秋》，又称《吕览》，是秦国相邦吕不韦主持集合门客们编撰的战国末期杂家的代表作。

图3-77 西周晋侯猪尊上的火纹

分枝角兽面纹、曲折角兽面纹、长颈鹿角兽面纹、虎头纹、牛头纹、变形兽面纹等（图3-78）。[22]

（三）龙纹

龙纹，又称"夔纹"或"夔龙纹"，是商周青铜器纹饰中流行最久的一种纹饰。龙是一种非现实存在的动物。《管子·水地》[23]曰："龙生于水，被五色而游，故神。欲小则化如蚕蠋，欲大则藏于天下，欲上则凌于云气，欲下则入于深泉，变化无日，上下无时，谓之神。"关于龙的起源及龙纹的成因尚无统一的定论。它很可能是那些以蛇或鳄鱼等动物为图腾的部落在联并融合过程中将各自图腾综合的结果。龙纹的雏形最早见于新石器时代的文化遗物中。龙随着时代的变迁，外形不断发生着变化，被赋予更多其他动物的外形元素与神力，而不变的是其一直是权力阶层的象征。

龙纹的结体根据青铜器纹饰，大致可分为爬行龙纹、卷体龙纹、双体龙纹、两头龙纹、交体龙纹等（图3-79）。

（四）凤鸟纹

凤鸟纹，包括凤纹、各类鸟类和以鸟纹为主体的纹饰，是商周青铜器中比较常见的纹饰。

鸟纹最早出现在新石器时代的陶器上，良渚文化出土的玉琮、玉钺上已有明确的鸟纹。青铜器上最早出现的鸟纹是二里岗期的变形鸟纹，到了商末周初，鸟纹大量出现，很多成为主体纹饰（图3-80）。

鸟纹中除了上述类型外，还有几种造型特别形象写实的类型，如鸱鸮纹、雁纹等。鸱鸮是猫头鹰一类的鸟。青铜器上鸱鸮纹盛行于商代中晚期，其造型多为正面图形，一般特别强调鸱鸮的一双超出其他鸟类的大眼睛，头上有一对毛角，两翅较大。猫头鹰生活习性与大多数禽鸟不同，喜欢昼伏夜出。它的双眼位于头部正前方，视野宽广；飞行时悄无声息，听觉非常灵敏；长着十分锐利的喙和爪，以鼠类为主食。其特殊外表和独有的生活习性充满着神秘感。河南安阳妇好墓的陪葬器物中，就有

22　上海博物馆青铜器研究组编《商周青铜器纹饰》，文物出版社，1984。本书中所有青铜器纹饰拓片皆出自此书。

23　《管子·水地》是春秋时期军事家管仲创作的一篇散文，是稷下道家推尊管仲之作的集结，是研究中国古代特别是先秦学术文化思想的重要典籍。

以鸱鸮为题材的青铜鸮尊、玉鸮、鸮形玉梳、鸮形玉盘等等。但是《诗经》[24]中记载有"鸱鸮鸱鸮，既取我子，无毁我室"，贾谊《吊屈原赋》中也写了"鸾凤伏窜兮，鸱枭翱翔"。显然，数百年之后的春秋时代，猫头鹰已经被人看作是不祥之鸟。这可能也是鸱鸮纹存世很短的原因之一。

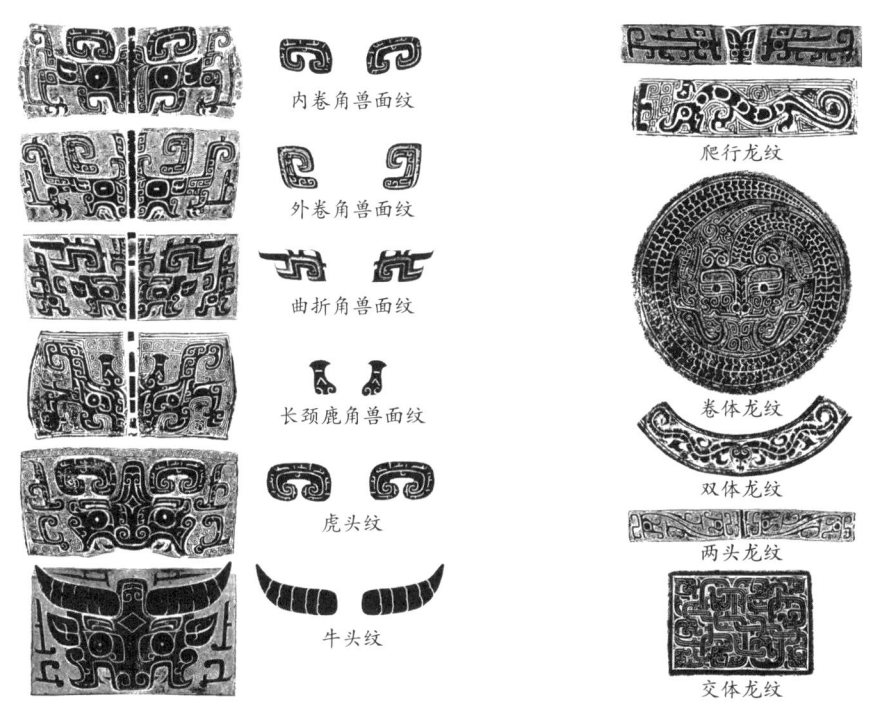

图 3-78　按角形分类的兽面纹

图 3-79　龙纹的分类

（五）各种动物纹

这主要是指青铜器上出现的非神话、实际存在的写实动物纹饰（图 3-81）。

（六）简化、变形纹

所谓简化、变形纹是指该纹饰仅采用动物或自然界其他纹饰的一部分，或将这些纹饰加以简化、形变、几何化后形成的抽象纹饰（图 3-82）。

（七）人物画像

根据统计，商与西周时期的青铜器纹饰中，人的形象出现得不多。题材往往是

24　《诗经》是中国古代最早的一部诗歌总集，收集了西周初年至春秋中叶（前 11 世纪至前 6 世纪）的诗歌，共 311 篇。

被动物吞噬或奴隶。大部分描绘人物的写实社会生活场景的人物纹饰产生于春秋末期，盛行于战国早、中期。人物画像纹饰环绕着青铜器型，呈层叠环带状布局。人物画像纹饰往往在狭小的画幅空间中表达多个绘画主题，或在一个绘画主题中，表达多个相关情节场景，以增加装饰纹样内容的丰富性，也体现了当时人文主义社会思想的新潮流。四川省成都市百花潭中学基建工地出土的战国水陆攻战纹铜壶（图3-83），壶身表面雕刻了大量人物宴乐、攻战、狩猎等图案，为研究战国时代社会生活提供了可靠的图像资料。

图 3-80　凤鸟纹的分类　　　　图 3-81　动物纹的分类

三、青铜器纹饰图形的特点与规律

青铜器纹饰作为青铜器表面的装饰纹样，完全依附于青铜器本身，随形而布，从简入繁，具有浓重的装饰意味。本节从文物修复师对纹饰理解的角度出发，对古代青铜器纹饰的艺术特点进行了归纳。

（一）对称

对称是人类大脑、眼力、体力与协调性的综合体现。对称是健康和谐，是自然进化的选择。对称是美，是毕达哥拉斯学派的经典观点，这主要是从数学的角度出发的。在人类艺术历史发展过程中，对称作为一种很重要的构成形式被广泛应用。从史前艺术到今天多元化的艺术风格，对称结构一直占有重要的地位。格式塔心理学认为，我们的知觉偏爱简单结构，在混乱的外部世界里最容易看清的是有规则的形状而不是杂乱无章的形状。显然，对称是获得这种秩序美感的一种直接、简洁的方法，为人们所青睐。

对称有三种类型，分别为轴对称、中心对称、旋转对称。轴对称是指一个图形沿着一条直线对折后两部分完全重合。中心对称是指一个图形绕某一点旋转180°，旋转后的图形能和原图形完全重合。中心对称图形有矩形、菱形、正方形、平行四边形以及某些不规则图形等。旋转对称是指把一个图形绕着一个定点旋转一个角度后，与初始图形完全重合。

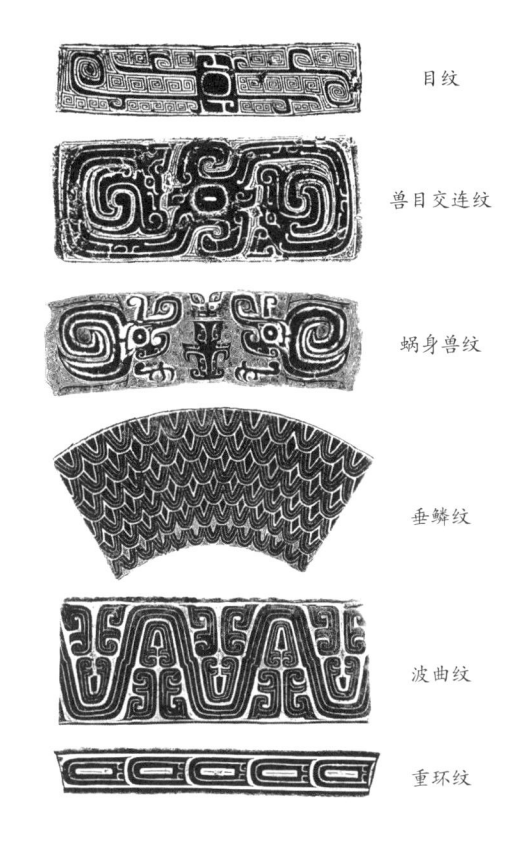

图3-82 简化、变形纹的分类

商周青铜纹饰艺术最大的特点之一是对称。任何一种纹饰的形式都从最基本的对称开始发展与变化。以其中最为著名的"兽面纹"为例，其特征是一个正视的兽面，以鼻梁为中轴对称线，左右两侧对称展开角、眉、目、牙、爪甚至躯干。除了单个图案的内在对称，纹饰的布局方面也呈现大量的对称结构，其中包括左右对称与辐射对称。上海博物馆收藏的亚父方罍（图3-84），从器型到纹饰全部采用对称设计，从颈部到足部自上而下的六组凤鸟纹、龙纹、兽面纹等都采用轴对称排列，这些对称结构给人以稳重、严谨的审美感觉。

（二）平衡

平衡原本是物理学的术语，意为在两个或两个以上物质要素间进行的自主调控及和谐调整。在美学中，平衡是指将美的客体对象各部分之间进行排列，使各视觉要素在整体中形成和谐统一的分布关系。格式塔心理学研究认为人的心理活动总是倾向于平衡、简单、有规则的组织结构状态。鲁道夫·阿恩海姆（Rudolf Arnheim）在《艺术与视知觉》中提到，平衡是人类最基本的需要之一，平衡可以给人安全感，使人心情愉悦。在心理学领域，格式塔心理学也得出相似的结论：每一个心理活动领域都趋向于一种最简单、最平衡和最规则的组织状态。

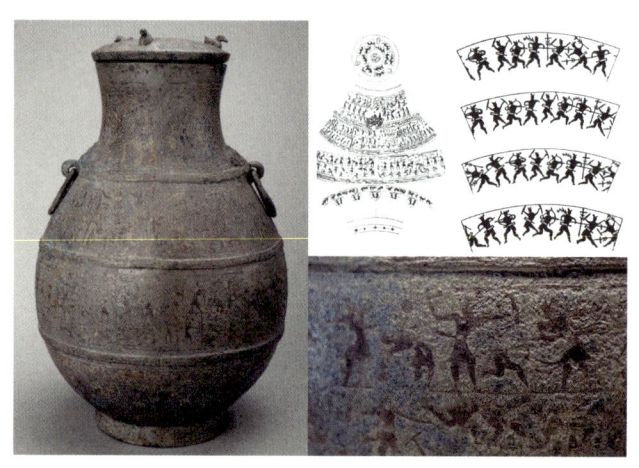

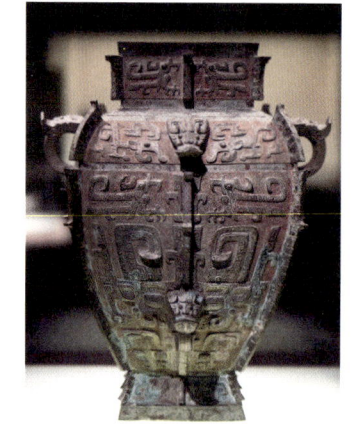

图3-83　战国水陆攻战纹铜壶

图3-84　商晚期亚父方罍

图3-85　西周早期父乙觥

在青铜器纹饰中，平衡效应得到广泛的应用，除了前面所述的对称平衡，还存在相当数量非严格对称的平衡。如上海博物馆收藏的西周早期父乙觥（图3-85），器身上那只巨大的凤鸟长冠飘逸，长尾逶迤，昂首伫立，只有一足置于圈足前部，显得重心偏前并不对称，但当时的工匠艺人巧妙地在凤的尾部下面又增加了一段极具张力的长尾鸟纹饰，平衡了这个非对称体系空间，也呼应了整个觥器型的不对称，使得原本偏前的纹饰重心得到有力的支撑而达到视觉平衡。

（三）简化

格式塔心理学认为大脑领域存在那种向最简单的结构发展的趋势。因此，简化是人们在设计造物中的一种重要的无意识思维惯性。简化不仅仅是简单。美学家库尔特·贝德特（Kurt Badt）把艺术简化解释为："在洞察本质的基础上所掌握的最聪明的组织手段。这个本质，就是其余一切事物都从属于它的那个本质。"

青铜器纹饰发展过程也存在这样简化、抽象的趋势。兽面纹从早期的"五官"俱全对称完整的形象，到后来头部萎缩及弱化，头与身躯的分离，体现出视觉表现形式会逐渐简化，而视觉形式本身所包含的意义也随着图形的简化而减弱。另外，从局部纹饰图样简化成几何纹样也是青铜器纹饰简化的重要方式之一。如简化的龙纹，身作两歧，手法简洁，极度几何形化。两端的头部一上一下，身为对角线，具有高度的装饰性（图3-86）。

（四）重复

重复无处不在，它是人类文化中各种文本的主要构成方式。达尔文把重复看成人类的一种特质。重复是装饰艺术中应用非常普遍的一种形式。重复制造了艺术的秩序感，是艺术的基本构建要素。贡布里希认为，任何东西一旦变成重复图案中的一个成分，就会被"风格化"，即会得到几何意义上的简化。

青铜纹饰中，几何纹样的重复是使用频率最高的装饰手法。特别是使用最多的云雷纹，这种由连续方折回旋形线条构成的重复的几何图案，不仅是对主纹间隙的一种填充，还创造了整体纹饰的秩序感与规律感。它们环环相扣，相互依存，每个几何纹样既可分成独立单元，结合起来又是一个有机整体，蕴含着一种东方哲学，对中国后世装饰艺术影响深远（图3-87）。

四、纹饰的装饰艺术

任何材质的器物都有其特有的制作过程，同样，青铜器纹饰的形式也和其特有的制作工艺密不可分。传统的青铜器装饰工艺主要采用范铸而成，通过在模范上的雕刻，在器物表面形成深浅不同的浮雕纹饰。随着铸造和装饰技术的不断进步，青铜器纹饰的装饰风格已经不再拘泥于传统铸造的形式，青铜表面装饰工艺出现了较大的发展。特别是铁器的大量使用，为青铜器装饰提供了新的工具，青铜器表面装饰也逐渐追求线条与色彩，继而出现了许多新的特种装饰工艺。文物修复师不仅要熟悉青铜器纹饰的表面特性，而且要进一步了解与掌握它们的制作原理与工艺，这也是更好地提高修复与复制技艺以及从修复与复制的角度进行文物鉴定必须具备的基本知识。

图3-86　春秋龙纹盉

图3-87　春秋蟠龙纹豆

（一）青铜器纹饰的特殊装饰种类

1. 金属装饰

（1）错

我们一般理解上的错金银工艺是一种在青铜器表面用金银丝（片）镶嵌成各种纹饰或文字的金属装饰技法（图3-88）。错金银工艺是自东周出现的一种中国青铜器装饰工艺，一直流传至今。

图3-88　东周错金银龙凤纹承弓器（左）、吴国错金鸟虫书文"王子于戈"（中）、广州南越王墓出土错金铭文铜虎节（右）

错金银工艺自先秦至今的两千多年间不断传承，如今已经进入国家级非物质文化遗产代表性名录。虽然不同的时期、地方的制作工序和材质略有不同，但其主要制作工序大致分成三个步骤。

第一步是制槽。无论在铜器铸造前在范中预刻凹槽，还是铜器铸成后再錾刻凹槽，凹槽的设计与制作是错金银的关键。内嵌金银的凹槽需要在槽底錾凿出麻点，以加强镶嵌的牢固。

第二步是镶嵌。用挤压与捶打的方法，把粗细大小适当的金银丝（片）嵌挤入凹槽内，捶实并使之充盈。

第三步是磨错。金银丝（片）镶嵌完毕，铜器的表面并不平整，必须通过磨错使其平整。磨错由粗到细，最后用木炭和皮革反复打磨抛光，使镶嵌物与基体光滑平整，达到严丝合缝的程度（图3-89）。[25]

25　2016年，香港中文大学、陕西省文物保护研究院和周大福珠宝集团联合举办的"错彩镂金：中国古代黄金技术的探索与传承公开研讨会"上演示的复古错金工艺。

图 3-89　传统错金银的制作过程

　　我们在很多出土的错金银青铜器上还可以看到，片状的错金银区域，其实是用金银丝盘绕嵌错填充的（图3-90）。

　　不过文献中对"错金银"解释与今天略有不同。汉代许慎《说文解字》曰："错，金涂也，从金，昔声。"清代文字训诂学家段玉裁注释说："涂，俗作塗，又或作搽，谓以金措其上也。"《康熙字典》对"错"字的解释，引用《集韵》"金涂谓之错"的说法。上海辞书

图 3-90　湖北随州文峰塔墓地 M18 出土战国铜鉴缶上"盘错"的金属丝

出版社 1989 年出版的《辞海》对"错"字的第一解便是："错，用金涂饰。"饰，就是纹饰。由此可见，从广义上说，凡是在器物上布置金银纹饰的，就可以叫金银错。错红铜也是一种类似于错金银的工艺，只是将镶嵌物换成了红铜丝或红铜片。

（2）鎏

　　鎏金（银）是一种古代热镀金（银）技术，是自先秦出现的中国古代青铜器的装饰工艺，一直流传至今。各个历史朝代对其的叫法亦有所不同，有称谓"金涂""镀金""流金"等等。在目前查阅的文献中，历史上最早记载鎏金工艺的是《汉书》卷九十七下《外戚传》有关赵飞燕妹居昭阳舍的记述，其中这样写道："居昭阳舍，其中庭彤朱而殿上髹漆，切皆铜沓（冒）黄金涂，白玉阶，壁带往往为黄金釭，函

蓝田璧，明珠、翠羽饰之，自后宫未尝有焉。"²⁶ 说明门限是铜质鎏金的。汉末，徐州的佛教建筑浮屠祠也记载："以铜人为身，黄金涂身，衣以锦采。"²⁷ 汉代称"涂金"，是将金和水银合成金汞齐，涂在铜器表面，然后加热使水银蒸发，金就附着在器面不脱，较之其他的包金与贴金技术涂层更加稳定，耐磨耐用，更有厚实质感。关于金汞齐（齐是古代对合金的称呼）的记载，最初见于东汉炼丹家魏伯阳的《周易参同契》。唐代称之为镀金。《唐摭言·矛盾》曰："假金方用真金镀，若是真金不镀金。""鎏金"一词出现较晚，"鎏"字最早见宋朝丁度等人修订的《集韵》中，"美金谓之鎏"。虽然称谓上不同，工艺则是一致的。例如西汉长信宫灯与鎏金银蟠龙纹壶（图3-91）。

现存的战国秦汉饰有金银的铜器，其金银部分多数是用这种鎏金方法制成的。有不少人将它们与错金银技术混淆。其实从金银错纹饰脱落处没有任何凹痕，就可判断其金银错纹饰不是嵌上去的，而是鎏上去的。图3-92为1987年河北省平山县中山王墓出土的金银错虎吞鹿器座，它是举世公认的金银错代表作品，但细心的人一定会发现，这件器物虎尾上的金错纹饰脱落了一小块，但脱落处并没有丝毫凹痕。

根据文献记载和出土实物，鎏金法主要工序如下。

煞金。制造"金汞剂"。"金汞剂"的制造是一个化学过程，即将黄金锻成金箔，剪成碎片，放入坩埚内加温至400℃左右，再加入7倍黄金的汞，搅动使金完全溶解于汞中，溶解成液体后倒入冷水盆中，使之成为稠泥状，制成所谓的"金泥"。

涂金。用炭打磨掉铜饰件器表面氧化层后，用涂金棍沾金泥与盐、矾的混合液在青铜器上涂饰各种错综复杂的纹饰，或者涂在预铸的凹槽之内，边抹边推压，以保证金属组织致密，与器物黏附牢固。

图3-91 西汉长信宫灯（左）、鎏金银蟠龙纹壶（右）

图3-92 战国金银错虎吞鹿器座

开金。将烧红的无烟木炭放在扁形的铁丝笼中，围着涂金的地方温烤，以蒸发金泥中的水银，黄金则固着于铜器上，其色亦由白色转为金黄色。若需要较厚金层，即要将上述过程反复多次

---

26 班固：《汉书》卷九十七下《外戚传》，中华书局，2007，第3997页。
27 高鲁冀：《中国古建筑中的鎏金与贴金》，《考古与文物》1980年第4期。

（一次鎏金的金层厚约为 9μm）。

压光。用毛刷沾酸梅水刷洗，并用高硬度的玛瑙或玉石做成的碾压工具，沿着器物表面进行排序反复磨压，使得镀金层致密，与被铸器结合牢固，直到表面出现发亮的鎏金层。

青铜器上的鎏金层一般非常薄，一旦磨损和缺少是不可逆的，重新在青铜器上添加鎏金层不仅存在无法清除残留物的隐患，更会因为不可逆的鎏金修复方式而造成对原始文物信息的干扰。

鉴别一件器物表面是否经鎏金，主要是标识其表层是否残有汞。鎏金工艺发展到汉代已达到高峰，汉代贵族墓葬多有鎏金之器，且不像战国时期只施于小件，而是有了不少大件鎏金器，并往往鎏金工艺与鎏银、镶嵌等工艺相结合，集多种装饰工艺于一体。

（3）贴

贴金银与包金银的装饰技艺都是利用古老的锤揲塑性成型工艺，将金、银质等柔软、延展性好的贵金属，锤揲成纹饰薄片，包裹或贴附于青铜器表作为纹饰装饰。锤揲塑性技术是人类最早掌握的铜制品加工技术之一。铜石并用的时代，天然铜往往出现在铜矿，数量很少，先人是通过搜集、加热、锻打、打磨等技术得到最早期的纯铜制品与纹饰。

锤揲贵金属薄片一般根据厚度来区分，分为包金、银用的金银片与贴金、银用的金银箔。四川广汉三星堆遗址出土的戴金面罩的铜人头像，就是由锤揲过的金箔片剪裁而成，饰片平均厚度 0.2mm，贴附于青铜头像面目（图 3-93）。

黄金的延展性极好，其进一步锻打可以加工成更薄的金箔。1g 黄金可以制成 0.5m^2 的金箔（厚度 0.12μm），可谓将黄金的延展性能发挥到极致。从事这种手工业的作坊被称为捶金作。中国使用金箔有悠久的历史。安阳殷墟出土的商代金片最薄处仅 0.01mm，金相考察证明在加工过程中曾进行退火。

传统的贴金法工序不算复杂，乃用生漆调以熬炼过的熟桐油，制作为金胶。把金地漆抹在器物表面，在快干的时候用竹夹覆上金箔，以软毛笔在金箔衬纸背上轻刷，金箔即可贴附在器物表面上。中国最早关于金箔加工的文献记载是明宋应星的《天工开物》："凡造金箔，

图 3-93 四川广汉三星堆遗址出土的戴金面罩的铜人头像

既成薄片后，包入乌金纸内，竭力挥椎打成。"[28]

包金银与贴金银为纯物理加工，较之鎏金更是无毒无害，对器物表面与操作人员都比较安全。其操作效率高，光泽度好，可逆性强，可反复操作。只是多采用粘贴方式贴敷，日久黏合剂老化后就会造成金层的脱落。脱落的金层容易受到环境挤压而发生变形和开裂等病害。因此，整形是修复贴金银装饰青铜器面临的主要工作。

（4）铸镶

红铜铸镶青铜器是春秋时代青铜装饰技术的杰出代表，包括嵌镶和铸镶两类主要技法。嵌镶类似之前提到的"错红铜"，即先铸出青铜器物，用红铜片嵌错压入预先铸出的纹饰凹槽内，磨错平整。另一种铸镶法是先制作红铜花纹薄片，并把上述铸好的纯铜纹饰薄片排列在范心上，再设置浇口和冒口，浇入铜汁，最后错磨抛光即得成品。红铜铸镶技术包括透镶与半透镶红铜铸镶两种主要类别。这种技术是铸铜技艺发展成熟的重要标志（图3-94）。

图3-94　山东峄城徐楼春秋中晚期墓出土红铜铸镶青铜盘

图3-95　战国嵌玉绿松石钮变形龙纹镜

2. 宝石镶嵌

"镶嵌"是一门古老的装饰技艺，青铜器的镶嵌技艺一般都是在器物本体预先铸留出凹槽，再将镶嵌材料嵌入其中。镶嵌材料随着技术进步与时尚流行而变得多元化，除了上述的错金、错银、错红铜等金属类镶嵌以外，色彩斑斓的宝石镶嵌也成为贵族阶层彰显财富与实力的载体。

从宝石学角度看，先秦青铜器上镶嵌的宝石，是广义宝石的概念。宝石指的是色彩瑰丽、坚硬耐久、稀少，并可琢磨、雕刻成首饰和工艺品的矿物或岩石，包括天然的和人工合成的，也包括部分有机材料（图3-95）。

从宝石矿源和加工工艺角度分析，在先秦时代，能够真正获取并加工的宝石品种非常有限，有绿松石、玛瑙、水晶、各类玉石、琉璃、贝壳等。

《石雅》[29]一书对古代典籍（包括《尚书·禹贡》《山海经》《尔雅》《穆天子传》等）

28　宋应星：《天工开物》卷下《五金第十四》，世界书局，1936，影印本，第233—235页。
29　章鸿钊于1921年所著的《石雅》，是近代第一部以科学赏石观撰著的观赏石专著，也是首次科学系统地介绍奇石、宝玉石、矿物晶体的名著。

记载的有关名物都做了引经据典、博征中外的考订，根据当时的考古与文献资料列举了一些远古时代的宝石。《石雅》记载："河南孟津出土琅玕珠二十枚，每珠均有小孔。云周代物，固皆绿松石也。"书中还记录了玉石、玛瑙和萤石等品种的宝石。不过关于早期人类对宝石的选择，书中清楚写道："古人辨石，所重在色而不在质。其色相似者，其名恒相袭。"以色辨玉（宝石）必然是古人识玉（宝石）的一大法则。

绿松石是中国青铜器上最早也是最常见的装饰宝石之一。它是一种含水的铜铝酸盐类矿物，常与铜矿伴生，因此便于开采。因其"形似松球，色近松绿"而得名，在先秦时期，它往往作为开采大型铜矿的副产品进行开发。在宝石学中，宝石是按硬度划分，除了莫氏硬度达到9以上的钻石、红宝石、蓝宝石和祖母绿这四种被归为贵重宝石外，其余基本都是半宝石与有机宝石。绿松石质地较软，莫氏硬度为5—6，非常便于加工。绿松石因含有铜和铁元素，所以颜色在蓝绿之间，含铜多偏蓝，含铁多近绿。鲜艳的天然蓝绿色正好与青铜的金黄色形成强烈的撞色装饰效果。因此，绿松石这些得天独厚的物理优势，使其成为先秦时期最主要的宝石装饰材料，并一直沿用到青铜器时代结束。

镶嵌绿松石兽面铜牌饰是极具偃师二里头文化特色的器物，是中国发现的最早的铜镶嵌绿松石制品之一，也是青铜器上最早出现的兽面纹形式之一，自此也开启了兽面纹饰的先河。同样，上海博物馆收藏的夏代晚期镶嵌十字纹方钺，体形硕大，方钺中心用绿松石镶嵌着6组十字形纹饰，分内外两层，环列在圆孔四周。通过CT透视可知，绿松石镶嵌深度约2mm，用天然胶质黏合。方钺采用了双面纹饰一致又不穿透的双面绿松石纹饰镶嵌，将早期镶嵌纹饰工艺推到了新的高度（图3-96）。鲜绿色的绿松石在金色的青铜质地的衬托下格外华丽夺目。其设计之巧、选料之细、纹饰之美、保存之好，足以体现当时纹饰镶嵌技艺之成熟与精湛。

先秦的宝石镶嵌主要还是采取包镶与粘接等物理连接的方式，材料老化极易造成脱落。在适当清理的同时，避免使用不可逆材料进行粘接，尽量使用原有的材料与方法进行修复，是最小干预这件文物，并使之更长久保存的条件。

3. 化学涂层（菱形纹、亮斑、富锡）

青铜兵器是青铜时代不可或缺的重要品类，且拥有者多为男性，因此其在装饰的同时更要满足青铜兵器实用的功能。东周时代，一种制作纹饰的新方法诞生了。在个别

图3-96 夏文化镶嵌绿松石兽面纹铜牌饰（左）、镶嵌十字纹方钺（右）

高规格青铜兵器表面，有一种非机械镶嵌又十分规则的几何双线菱形纹饰，在双线条交叉处又穿插有小菱形纹饰，拭之不去，磨之依然，极富装饰性，这种精美装饰被称为"菱形纹饰"。此类技术的代表器物是湖北省荆州市江陵县望山楚墓群和马山五号墓分别出土的著名的春秋晚期越王勾践剑与吴王夫差矛（图3-97），这两件兵器通体饰有菱形格暗纹，华丽无比。上海博物馆文物保护科技中心在对这一工艺进行专题研究后发现，菱形纹饰部分的化学成分与基体部分不同：前者锡高铜低，属锡基合金；后者铜高锡低，属铜基合金。通过金相分析，研究者发现纹饰区与基体组织相同，亦为树枝晶结晶，这表明纹饰区的形成亦有一个从液态至固态的铸造，也就是说这个菱形纹饰是二次铸造加工而成。

模拟实验研究揭示了菱形纹饰加工技术的秘密，具体做法是：在黏结剂中加入高锡合金粉末，调制成膏状，涂覆在兵器上，待干后刻画菱形纹饰，刮去非纹饰以外的不需要部分膏体；然后入炉加热扩散处理，取出冷却后磨去多余氧化层；此时表面涂层部位的锡与铜出现了渗透，呈现出了银白亮色，而无涂层部位仍保持青铜的金黄色。经富锡处理的青铜表面形成了细晶组织层。在埋藏腐蚀条件下，富锡纹饰区域的腐蚀程度高于基体，因此千年之后，兵器在不同程度的腐蚀下，呈现有层次的双色相间的菱形色泽效果。

图3-97 春秋晚期越王勾践剑（左）、吴王夫差矛（右）

4. 彩绘与髹漆纹饰

彩绘与髹漆纹饰是青铜器装饰纹饰中较为特殊的类型，是金属与颜料、天然有机黏结剂的组合。彩绘与髹漆纹饰产生的原因如下。

（1）美学欣赏方面：用快速廉价的方式装饰与美化色彩单一的青铜器。

（2）弥补瑕疵方面：借助彩绘弥补青铜器铸造时的小缺陷及修复与补铸痕迹。

（3）保护器物方面：髹漆与彩绘在青铜器表面形成覆盖保护层，使得原本容易氧化和腐蚀的青铜器得到有效保护。

铜器上彩绘与髹漆装饰形式可主要归纳为以下几类。

（1）直接在素面青铜器表面进行着色彩绘。这种技法产生于战国末期（图3-98至图3-100）。

（2）在事先铸造或錾刻好的底纹阴线部位进行填彩，一般选用黑色，待干后除去表面溢出纹饰的多余彩绘，深色的颜料使得原本金黄色青铜纹路更为清晰与立体。这种技法在商代晚期已经出现（图3-101）。

（3）在铜器上施以较厚的彩绘后，在彩绘层上进行刻画。秦始皇陵园青铜水禽身上发现了少量残存的彩绘，彩绘之上细致地刻画着羽毛的纹理（图3-102）。

5.综合装饰

随着加工技术的进步，在同一件青铜器物上多工艺、多工种的合作成为彰显财富的时尚，青铜器表面的镶嵌材质也从硬度较低的绿松石、孔雀石到了硬度较高的玛瑙、玉石、琉璃等。上海博物馆收藏的一枚战国透空镶嵌几何纹方镜（图3-103）与另一枚流失海外的战国错金嵌松石铜镜，二者虽一方一圆，但都做到同时将三种颜色、硬度、延展性完全不同的材质在同一平面上完美并存，展现出如同景泰蓝般亮丽的纹饰。

1968年，满城陵山中山靖王刘胜墓出土的西汉乳钉纹铜壶也是一件综合多种装饰材质与工艺的作品（图3-104）。壶身鎏金，盖面、颈和腹部上镶嵌方格纹绿琉璃，琉璃上划出小方格圆点纹。方格纹的交叉点上镶嵌鎏银乳钉，色彩缤纷，绚丽异常。这些独具匠心的造型设计融合了铸造、錾刻、鎏金、错金银、包金银、玉雕、镶嵌等多项技术。

这种复杂的综合装饰技术也流行于同时期其他金属器物上。20世纪50年代，河南辉县固围村五号墓出土战国鎏金嵌玉镶琉璃银带钩。它银质鎏金，两端铸成浮雕式兽首，两侧为长尾鸟，正面嵌有三块白玉块，玉块中心镶嵌蜻蜓眼琉璃珠，钩头为白玉琢成的雁首形状，整个带钩将不同质地、色泽的材料巧妙地配合使用，是战国带钩中的精品。这些珍贵、华丽的作品，正是我国秦汉时期高超的金属装饰加工技术的综合体现。

（二）不同工艺下制造的纹饰特点

1.铸造纹饰的特点

（1）纹饰变化丰富，纹饰精美，不受创作的大小、深浅、形状的限制。

（2）铸造的纹饰可以最大程度降低金属消耗，减少后期加工时间。

（3）适应性强，可与其他纹饰装饰技法组合使用。

（4）铸造成功的青铜器纹饰的立面和底面非常平

图3-98　汉代彩绘铜壶

图3-99　西汉彩绘雁鱼灯

图3-100　湖水襄阳安岗出土战国彩绘凤纹铜镜

整。特别是陶范制青铜器纹饰的外范雕刻特性，使得成品的青铜器纹饰立面呈现出一种上窄下宽的梯形槽口效果，这一特性也成为后期从纹饰工艺的角度鉴定青铜器是否采用陶范法铸造的鉴定标准之一。

图 3-101　商晚期刘鼎，上海博物馆藏

图 3-102　秦始皇陵青铜水禽坑出土的青铜大雁

图 3-103　战国透空镶嵌几何纹方镜（左）、战国错金嵌松石铜镜（右）

图 3-104　满城陵山中山靖王刘胜墓出土的西汉乳钉纹铜壶

2. 錾刻纹饰的特点

（1）纹饰题材广泛，纹饰的精细程度取决于錾刻工具的精度。有些器物上錾刻

的纹饰细如发丝，但是纹饰的力度与利度远远高于铸造的纹饰。

（2）錾刻纹饰是一种"减法"工艺，因此纹饰大都以阴刻形式呈现，且纹饰的分布、大小、深浅都受到器型与器壁厚薄的限制。

（3）錾刻纹饰一般都在素器表面进行，这样大大降低了成本，提高了成品率。

工艺特性使得錾刻的青铜器纹饰立面和底面并不平整，往往留有錾痕，纹饰的口沿部分也会出现毛刺。錾刻的纹饰立面会呈现出一种上宽下窄的槽口效果。

3. 表面装饰纹饰的特点

（1）不同材质与工艺的组合使得原本单一的青铜器纹饰产生了突破性变化，色彩与层次变得更为丰富多彩，纹饰的创作空间大幅提升，创造力成为表现纹饰的最大特点。

（2）多种材料的使用大大增加了青铜器与纹饰制作的成本。

（3）多种工艺的联合制作也延长了作品完成的周期。

（4）复合工艺使得各手工艺联合更为紧密，步骤更加细分，是手工业繁荣发达的表现。很多并非本土原创的工艺，体现了当时社会科技、商贸、物流发达的水平，也体现出整个社会产业之间的整合能力。

青铜器纹饰作为当时最高级的时尚纹饰，因时局更替、权力喜好、材料更新、技术进步等原因也在逐渐发生着改变，同样的纹饰题材在不同的工艺下会呈现出完全不同的形态与气息。青铜器纹饰的进化是当时社会状态最图案化的体现。

商周青铜器纹饰只是中国数千年图案发展史中很小的一部分，可以说是中国进入青铜时代的一个标志。但是其具有明显的本土图案的特征，并对后期中国图案的发展有着极其深远的影响，成为一种能代表中国悠久的文化历史渊源的符号，在整个人类艺术史的发展中具有巨大的影响力。

思考题

1. 商周青铜器纹饰主要有哪几种类型？
2. 不同时期的青铜器纹饰的风格有什么变化？
3. 青铜器装饰技术主要有哪些？

拓展阅读

[1]《商周青铜器纹饰》，上海博物馆青铜器研究组，文物出版社，1984

[2]《读懂中国青铜器》，戴克成，译林出版社，2016

[3]《流散欧美殷周有铭青铜器集录》，刘雨、汪涛，上海辞书出版社，2007

[4]《欧洲所藏中国青铜器遗珠》，李学勤，文物出版社，1995

[5]《夏商周青铜器研究——上海博物馆藏品（夏商篇）》，陈佩芬，上海古籍出版社，2004

[6]《殷周时代青铜器の研究：殷周青铜器综览（一）图版》，林巳奈夫，东京，1984

[7]《春秋战国时代青铜器の研究：殷周青铜器综览（三）》，林巳奈夫，东京，1989

[8]《泉屋透赏》，泉屋博古馆，科学出版社，2015

[9]《中国青铜器全集》，中国青铜器全集编辑委员会，文物出版社，1997

[10]《商周彝器通考》，容庚，中华书局，1941

[11]《中国青铜器》，马承源，上海古籍出版社，1988

[12]《艺术铸造》，谭德睿，上海交通大学出版社，1996

[13]《范铸青铜》，董亚巍，北京艺术与科学电子出版社，2006

[14]《中国科学技术史·第四卷天学》，李约瑟，科学出版社，1975

第四章
青铜器现状调查与修复方案设计

第一节　青铜器的病害

文物病害是现状调查的主要内容。青铜器病害是指青铜文物因物理、化学及（或）生物因素而造成的损害。青铜器病害的成因主要取决于以下两个方面。

一方面是内在，即制造材料与工艺造成的青铜器本身的各种理化性能的不稳定性。青铜器本身是铜合金，锡可以和铜形成不同比例的固溶体，铅则游离在铜锡合金之间。不同金属易发生电偶腐蚀，而且还含有杂质，组织结构也不均匀，容易发生腐蚀。

另一方面是外在，即同样的材质在不同的外在环境影响下的保存状态和形成病害的差异很大。外在的影响主要指自然因素、人为因素。

自然因素对青铜文物的影响主要表现为自然力对文物的破坏，包括以下两种情况。

第一，各种自然灾害对青铜文物的毁灭性破坏，如地震、火山爆发、地壳运动、洪水、台风潮汐、地下水活动、雷击等。这种灾难性的巨大破坏力往往难以估计。

第二，自然破坏力，包括气候变化、光线辐射、空气污染、生物危害等。这种自然破坏力的特点是缓慢、轻微，没有自然灾害那种凶猛来势，却可以持久地侵蚀文物。在这种自然因素的损耗下，青铜文物的质地与外形会渐渐发生变化，当量变累积到一定程度就会产生质变和毁损，是一种不以人类意志为转移的自然老化规律。如青铜器挤压变形破碎以及腐蚀矿化等病害，都属于自然因素（图4-1）。

人为因素对文物的破坏是指人类的自身行为作用于文物，可能会引起文物的质变与毁损。归纳起来，这类破坏主要有如下五种情况。

原发性破坏，是指青铜器在入土时，已经被人为出于某种目的而损毁。著名的四川三星堆遗址在考古发掘过程中就出土了大量人为打砸损坏并堆积掩埋的商代青铜器。在原发性破坏的案例中有一种比较特殊的现象——毁兵葬。毁兵葬自晚商殷墟时期已经开始。人们故意将兵器以扭曲、折断等方式毁坏，并有规律地放置于墓葬中。宝鸡石鼓山商周贵族墓葬中就出土大量扭曲的兵器（图4-2）。毁兵葬这样原发性破坏造成的"病害"，其本身带有重要的考古价值，因此并不将它归类于需要修复保护的真正意义上的病害。

图 4-1 考古现场［山西春秋晋卿赵氏大墓出土现场（上左）、山西闻喜酒务头商代墓地青铜器出土现场（上右）、陕西宝鸡石鼓山商周墓地（下）］

建设性破坏，主要是指大规模建设工程造成破坏或危及地下文物遗存。不过这种现象在《中华人民共和国文物保护法》颁布后已经得到了改善。法律明确规定，进行大型工程建设时，应事先报请文物部门进行考古调查和勘探。

盗窃性破坏，主要是指文物在盗掘、盗割、转运、倒卖的过程中造成的损坏。据相关统计报道，全国著名古墓中，未曾被盗的只是少数；地下非法青铜文物交易使得文物盗窃走私活动猖獗。在盗墓过程中，由于盗洞较小，盗墓者往往会采用爆破、锯凿割裂等方式，对大件青铜器进行拆卸，以便运出盗洞。这种破坏造成的文物损失令人触目惊心（图 4-3）。

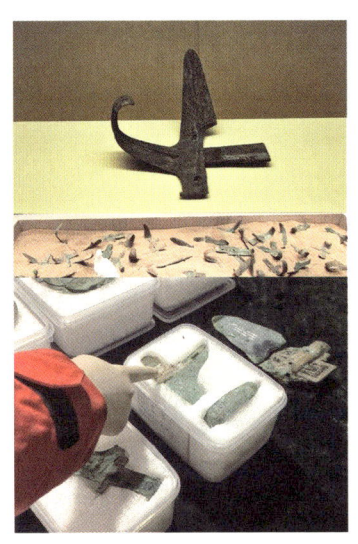

图 4-2 毁兵葬俗（陕西宝鸡石鼓山商周贵族墓葬中出土的大量扭曲的兵器与北京琉璃河遗址燕国墓葬出土的"毁兵"）

| 89

突发性破坏，主要是指文物在展陈和运输过程中由于操作或保护不当，造成突发性的意外损坏。

修复性破坏，主要是指在青铜文物修复过程中采取不可逆、不科学、不安全的材料与方法，造成文物的二次损坏。这样的现象在早期古董商贩的文物交易流通中普遍存在。2017年的《中华人民共和国文物保护法》第四章第四十六条中明确规定："修复馆藏文物，不得改变馆藏文物的原状；复制、拍摄、拓印馆藏文物，不得对馆藏文物造成损害。"

对于自然损坏因素，主要还是依靠科学发掘与文物保护修复技术，给予文物更好、更科学的保存环境。而对于人为损坏因素，则要加强文物保护宣传，增强全民文保意识，不断健全与加强相关政策、法规制度的制定与执行。

图4-3　山西警方缴获的被盗墓者锯解的春秋青铜鼎

思考题

1. 青铜文物病害是如何形成的？

第二节　青铜器科技检测与分析

文物的科技检测与分析是现代文物保护修复工作中一项非常重要的内容，是开展古代青铜器保护修复的前提。修复文物如同医生给患者治病。早期文物研究者与资深修复师在共同制定文物修复方案时大都依据的是对文物表象的观察、触摸手感、敲击声音、闻气味以及征询器物出土及收藏背景资料等一系列"望闻问切"的方法。经验值在早期文物修复方案制定中占据相当大的比重。

随着科技进步，现代文物修复理念得到普及，确保文物在保护和修复中的安全成为首要原则。对于文物保存状态以及病害程度的精确量化记录与保存要求，变得更为精确与科学。特别是时间久远、干扰因素众多、个体差异大的文物，科学检测分析在这些文物研究和保护中起到了举足轻重的作用。其中无损检测分析技术作为珍贵文物保护手段对文物的修复研究与展陈宣传有着十分重要的意义。

古希腊开创了科学分析器物与证明式科学的先河。在近代文物科学分析发展史上，德国分析化学家克拉帕诺斯（Martin Heinrich Klaproth）教授是从内部成分结构全面地认识文物这一理念的先驱。早在1795年，他就发表了世界上第一篇关于文物化学分析的论文，采用专门设计的化学分析方法，通过对6枚古希腊硬币和9枚古罗马硬币的科学分析，证明这批硬币的质地为青铜。1841年，德国多帕特大学（Dorpat University）的戈培尔（F.Gobel）教授分析了俄国出土的黄铜器，认为这些铜锌合金应产于罗马帝国。他的这一工作被认为是金属文物产地和矿料来源研究的开端。19世纪50年代，奥地利的沃塞尔（J.E.Wocel）博士，在他的两篇古代青铜器研究论文中，也指出文物的化学成分与其制作时间、地点存在着一定的联系。在古代金属文物化学分析的基础上，沃塞尔博士对成分数据进行了统计处理，提出了化学性质群的概念，为后来文物的分析鉴定和产地研究建立了理论基础。

第一篇关于中国和日本青铜器的科学分析文章是莫林（Morin）在1874年完成的。日本学者近重真澄博士于1918年采用化学湿法分析研究了古铜镜的化学成分。中国学者梁津1925年分析了一面中国周代铜镜。1931年，耶科特（Yctts.W.P.）和科林（Collin.W.F.）分别在亚洲皇家社会杂志和金属协会杂志上发表关于中国青铜器的问题和中国早期青铜器的腐蚀问题文章。1937年，日本小松茂、山内淑人博士研究了多面中国铜镜化学成分，并做了金相结构检测。1895年，X射线的发明给现代物理学提供了一种新的研究手段，它在光电效应研究、晶体结构分析、金相组织检验、材料无损探伤、人体疾病的透视与治疗方面都具有广泛的用途，也开创了从微观和内部世界分析和认识文物的新领域。

总之，在文物进行保护修复前采用科学技术手段获取文物保存现状的基本信息成为当今文物保护的基本工作，也是编制具体文物保护方案的前提条件。当代的青铜器修复与保护只有通过检测提取成分、材质、结构、制作年代、制造工艺、病害等隐含信息，才能"对症施药"，制定相应的治疗修复或预防性保护措施。

一、青铜文物本体及病害的微观形貌观察

显微镜是文物修复保护中最为普及的检测仪器。弄清文物的微观结构，对制定和选择文物保护方案、采取有效的文物保护措施，具有十分重要的指导意义。显微镜按成像原理分为光学显微镜和电子显微镜。光学显微镜按类型分生物显微镜、金相显微镜、体视显微镜、偏光显微镜、相差显微镜、荧光显微镜等。随着光学技术的不断发展，新一代光学三维超景深显微镜具有更强大的清晰度，可以提供更大景深与更为先进的测量功能，同时，三维效果显示与便携式的设计可以更为直观与便

利地检测与保存青铜器的各项信息。电子显微镜按结构和用途，分为透射电子显微镜、扫描电子显微镜、反射电子显微镜和发射电子显微镜等。青铜器修复保护的不同环节会使用到不同功能的显微镜（图4-4）。

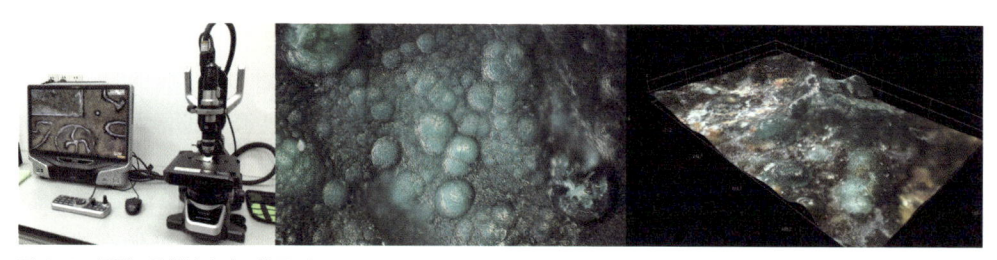

图4-4　超景深显微镜生成三维图形

1. 金相显微镜

金相显微镜是实体光学显微镜的一类，是青铜文物分析和保护工作中最常用的分析工具之一。金相显微镜主要用于研究古代金属的加工工艺、冶炼铸造工艺等问题，可以揭示青铜文物的金相结构，从而判明合金制造工艺（图4-5）。金相鉴定必须取样，青铜器取样的位置和方法、数量都会影响研究结果。

2. 扫描电子显微镜

扫描电子显微镜（Scanning Electron Microscope, SEM）是一种用于高分辨率微区形貌分析的大型精密仪器，是介于透射电子显微镜和光学显微镜之间的一种观察仪器，广泛应用于观察各种固态物质的表面超微结构的形态和组成。其利用聚焦得很窄的高能电子束来扫描样品，通过光束与物质间的相互作用来激发各种物理信息，对这些信息收集、放大、再成像，以达到对物质微观形貌表征的目的。新型的扫描电子显微镜的分辨率可以达到1nm，放大倍数可以达到30万倍及以上连续可调，并且景深大、视野大，成像立体效果好（图4-6）。

图4-5　铅锡青铜铸造金相组织照片 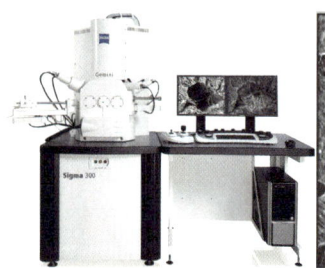　　图4-6　扫描电子显微镜（左）、青铜文物二次电子像（右）

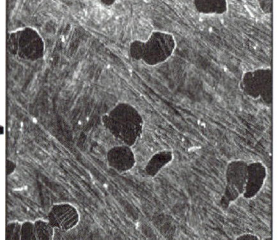

扫描电子显微镜还可以和多种检测仪器组合。能谱仪（EDS）用来对材料做微区成分元素种类与含量分析，配合扫描电子显微镜与透射电子显微镜的使用，可以对青铜材料进行相分析、成分分析和夹杂物形态成分的鉴定，也可对青铜器表面涂层、镀层进行分析，在对鎏金工艺、错金银青铜器表面微区成分的定性和定量分析等方面都有非常直观的效果。扫描电镜与拉曼光谱组合则可以获得样品微区的形貌、元素、化学物质结构组合的信息。因此，扫描电子显微镜在文物保护修复研究领域具有重大作用。[1]

二、青铜文物内部结构揭示

1. X 射线探伤

X 射线探伤技术是利用 X 射线穿透物体而形成影像，可准确表现青铜物体的内部结构信息。由于不同物质的密度和结构不同，对 X 射线的吸收程度也不同，因此不同材质的文物适配不同的 X 射线能量范围，可以很好地提高文物的成像准确度和清晰度。20 世纪 50 年代，博物馆方面开始使用该技术检测古铜器，并获得了较好的检测成果。

X 射线探伤应用于青铜器分析时，可以在无损伤条件下成功探测出青铜器的内部结构、腐蚀情况、加固修复痕迹等重要信息，并能直接拍摄出被锈层覆盖的铭文、纹饰，揭示了青铜器的铸造工艺研究、保存状况研究以及观测青铜器修复情况，为青铜器的保护修复工作提供了强有力的科学依据和指导作用。同时，文物 X 射线影像资料的留存，对文物修复档案的建立和完善具有重要意义（图 4-7）。

2. 工业用计算机断层成像技术

工业用计算机断层成像技术（以下简称"工业 CT"）能在对文物无损伤的前提下，采用辐射成像原理，以二维断层图像或三维立体图像的形式，实现对文物的非接触式三维高精度扫描，

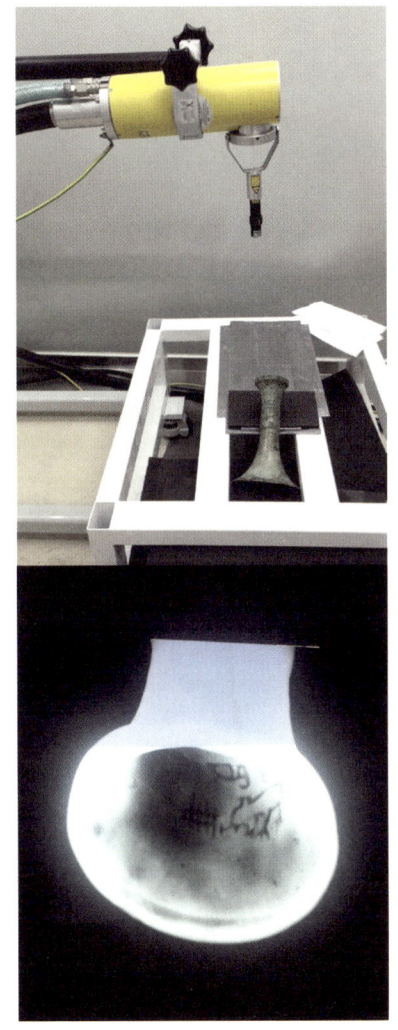

图 4-7　X 射线探伤技术拍摄青铜器内被锈层覆盖的铭文

---

[1] 顾雯：《纳米扫描电子显微镜在文物鉴定中的应用》，《文物保护与考古科学》2015 年第 2 期。

清晰、准确、直观地获得和展示被检测文物的内部结构、组成、材质及缺损状况，被誉为当今最佳无损检测和无损评估技术（图4-8）。

同时，工业CT不仅可以实现X射线探伤技术获取的文物信息，还能实现针对文物的定量无损检测与评价，并通过软件将高精度的断层扫描数据和材料信息进行整合，精确地还原文物各方面的三维模型数据，是一个实物数字化的微分过程。凭借精确的断层扫描数据为建模基础，工业CT成为最精确的文物三维扫描设备。

工业CT在文物保护与修复领域的无损检测技术研究中具有重要的实际意义。其应用主要有五个方面：第一是检测文物内部各组分相对位置状况的判定，第二是检测文物功能分析，第三是对检测文物结构尺寸的测量，第四是密度测量，第五是逆向工程应用。在青铜器修复保护领域，工业CT技术可以剖析古代青铜器的泥质芯撑、铜质垫片、范缝、加强筋等隐藏的工艺特征，探知文物内部的工艺结构及损伤，了解文物材质及其病变规律。对文物的深层认知使我们能更客观地选用有针对性的、切合实际的保护方法和材料，大大降低保护行为当中的冒险性，避免"保护性破坏"的盲目改动，更加有效地保护人类的文化遗产（图4-9）。

3. 超声波探伤

超声波探伤是利用超声波透入金属材料的深处，并由一截面进入另一截面，用在界面边缘发生反射的特点来检查零件缺陷的一种方法。超探仪是一种便携式无损探伤仪器，它能够快速便捷、无损伤、精确地进行文物内部多种缺陷（裂纹、夹杂、

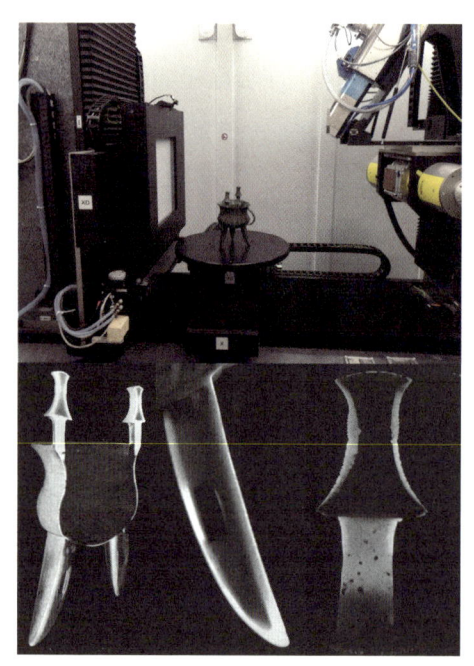

图4-8 CT拍摄器物的内部结构

图4-9 工业CT扫描密度数据，分离青铜文物和附着物

折叠、气孔、砂眼等）的检测、定位、评估和诊断，既可以用于文保实验室，也可以用于发掘现场（图4-10）。

超声波探伤穿透能力强，探测深度可达数米；灵敏度高，可发现与直径约十分之几毫米的空气隙反射能力相当的反射体；可检测缺陷的大小通常认为是波长的1/2。它仅需从一面接近被检验的物体，可及时提供缺陷检验结果，具有操作安全、设备轻便、对人体无害等优点。缺点是要求工作表面平滑，对粗糙、形状不规则、小、薄或非均质材料难以检查，对所发现缺陷做十分准确的定性、定量表征仍有困难，不适合有空腔的结构。

图4-10 超声波探伤检测

三、青铜器锈蚀层物相分析

1. X射线衍射分析

X射线衍射分析（X-Ray Diffraction，简称XRD）是利用X射线衍射原理研究物质内部微观结构的一种大型分析仪器。X射线衍射仪在金属和合金结构检测上的优势，使其成为目前金属研究和材料测试的常规方法，它在分析材料性能和各物相含量的关系、测定材料的成分配比以及随后的工艺规程是否合理等方面都可起到至关重要的作用。在各种测量方法中，X射线衍射方法具有不损伤样品、快捷、测量精度高，并能得到有关晶体完整性的大量信息等优点。在青铜器研究领域，X射线衍射仪常应用于对青铜器本体组成结构和锈蚀层的检测。青铜器由于受到环境长期腐蚀作用的影响，其腐蚀状况较为复杂，表面大多积满了各种类型的锈蚀产物。青铜器的锈蚀层生成是长期积累而渐变的过程，和外部环境密切相关，并具有特定的规律性。因此引入相应的锈蚀层分析手段，可为区分青铜器锈蚀层为"自然生成"或"人工仿制"提供科学依据。

X射线衍射分析与现有的X射线光谱仪结合使用，可以准确全面把握文物的成分结构信息，从而进行科学分析，为青铜器和其他文物的鉴定提供更强有力的科学依据（图4-11）。

2. 拉曼光谱分析

拉曼光谱（Raman Spectra）是一种散射光谱，对与入射光频率不同的散射光谱进行分析以得到分子振动、转动方面信息，以应用于分子结构研究。由于它能够通过非接触的方式获得物质的分子信息，因而被应用于文物的分析中。该方法具有快速性、灵敏性、简单性等特点，作为无损的分析方法，拉曼光谱技术在文物的保护与修复的研究中显示出非常好的应用前景。现在还有一种小型785nm拉曼光谱仪，将激光器、拉曼探头、光纤光谱仪与光电探测器等核心部件集成为一体，可成为一款小型高性能科研级别的便携式拉曼光谱仪。它具有高灵敏度、高信噪比、光谱范围宽等优异的性能。

人们利用拉曼光谱技术可以了解青铜器锈蚀结构，能够揭示出青铜器腐蚀机理，为制定科学的保护措施提供重要的参考资料（图4-12）。

图4-11　X射线衍射仪

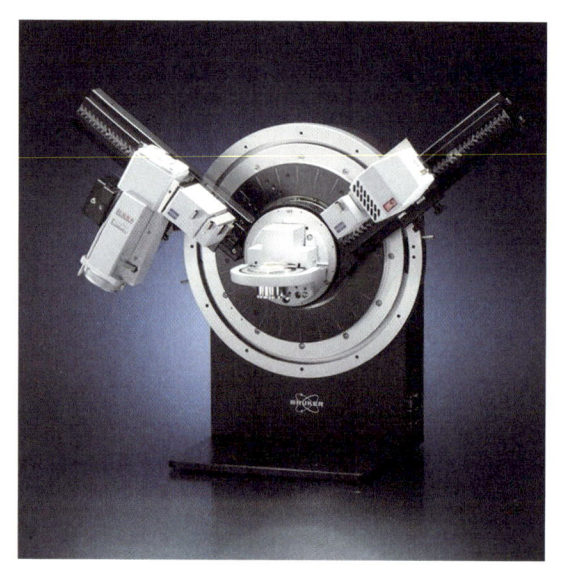

图4-12　小型拉曼光谱仪

四、青铜器本体及病害的元素组成分析

X射线荧光光谱分析（X-Ray Fluorescence，简称XRF）是确定物质中常量与微量元素的种类和含量的一种无损、快速的分析方法，目前已经广泛应用于各类文物的分析研究中。该方法利用原级X射线光子或其他微观粒子激发待测物质中的原子，使之产生次级的特征X射线（X光荧光）而进行物质成分分析和化学态研究。利用X射线荧光光谱分析青铜器本体或锈蚀物的元素组成，可以为中国古代青铜器的原料使用、制作配方以及腐蚀产物的判别提供直接证据，同时也可为青铜器的产地、时代判别等提供参考数据。便携式掌上型X射线荧光光谱分析仪的适用范围更大（图4-13）。

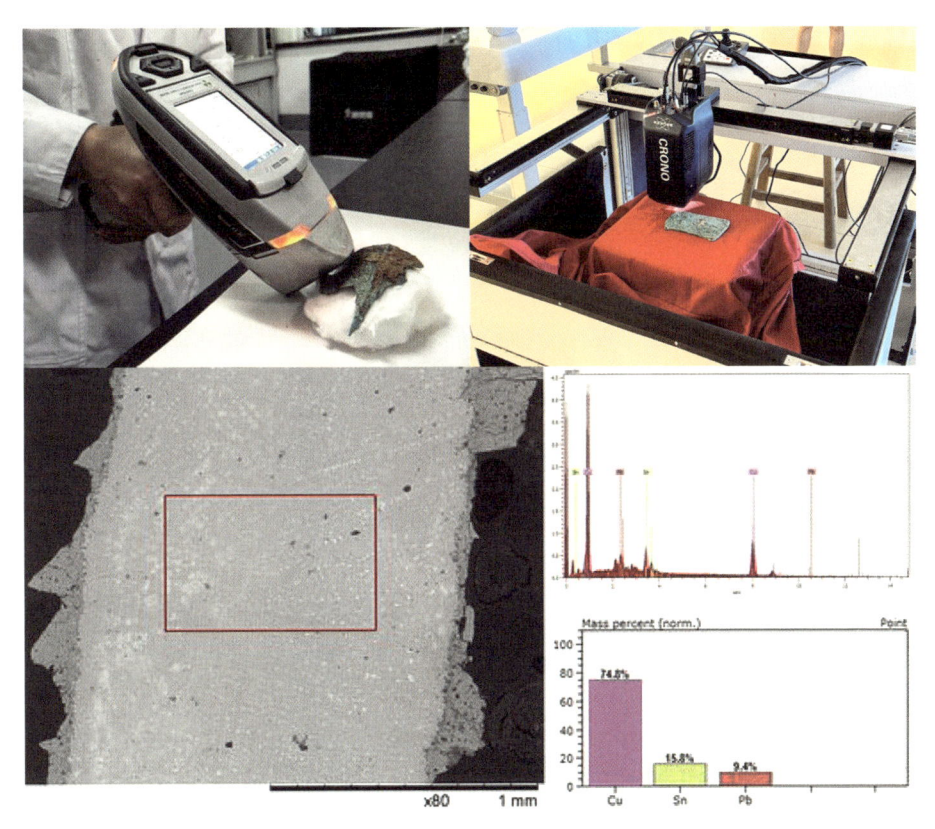

图 4-13　用 X 射线荧光光谱分析（XRF）仪分析考古出土青铜金属基体的合金元素组成

五、青铜器年代分析

热释光是一种物理现象，是绝缘结晶固体受到放射性照射发生电离，形成电子的空穴被晶格缺陷或陷阱捕获，在加热过程中又重新以光的形式释放出来。由于样品所积累的能量与年代是相关的，因此我们可以利用热释光技术进行断代检测。热释光测年技术主要适用于陶瓷器及其他火烧黏土样品，青铜器内的陶范也同样可以进行热释光断代检测。

简单地说，青铜器内陶范不仅含有微量铀、钍和少量钾等放射性物质，还夹有石英、长石、云母、磷灰石等结晶固体颗粒。它们每时每刻都受到各类辐射的作用。当陶范烧制时，高温把结晶固体中原先贮存的能量都已释放完了。带有陶范的青铜器在它被铸成之日起，便不断地吸收和累积外界的辐射能量。年代愈久，热释光量就愈多，即热释光量与所受的放射性总剂量成正比。铀、钍、钾的寿命很长，陶器中的放射性强度实际上是不变的。"热释光"方法就是通过测量这件陶范内累积的辐射能来测定青铜器铸造时间，达到断代的目的。

在实际青铜器的科技检测和分析中，一般先会对青铜器整体进行内部结构探伤分析，再根据实际情况对其腐蚀物和其他表面残留物的形貌进行观察、成分分析和物相结构检测。每一种检测方法都有其优点，也有其局限性。在实际操作中，若想获得多方面综合信息，就需要综合采用多种方法进行检测，详见各种检测方法对比表4-1。

表4-1：各种检测方法对比表

检测种类	检测方法	优点	缺点	范围
形貌观察	体视显微镜	价格便宜，使用方便	放大倍率低	可用于观测器物的全貌
	三维超景深视频显微镜	大景深，工作距离长，自动对焦变焦	价格昂贵	可满足样品全貌与细节的显微观测
成分分析	X射线荧光光谱分析（XRF）	无损分析，分析速度快	对原子数低的元素探测能力较弱	适用于样品中主次量元素的分析，可检测元素周期表Na位置上方的元素
	扫描电子显微镜-能谱仪（SEM-EDX）	可点、线、面元素分析相结合	对于大样品需要取样分析	适用于样品的微区检测，同时，线扫描和面扫描分析分别可以获得样品在一选定线上或面上的某一元素的浓度变化分布
	电感耦合等离子体发射光谱仪（ICP-AES）	准确度高	分析成本较高，对环境要求高	主要用于样品中金属元素和部分非金属元素的定量分析，适用于主次量元素的分析
探伤分析	X-光探伤	无损分析，透视性强，反映结果清晰直观	对复杂的三维实物检测有局限性	适用于各类青铜文物的探伤检测
	CT断层扫描	无损分析，灵敏度比常规射线检测技术高两个数量级	检测成本高，对较厚的青铜穿透力较弱	
	超声波探伤	无损分析，穿透能力强，探测深度可达数米；灵敏度高，具有较高的探伤能力	需要被测文物表面平整	适用于检测较厚的青铜文物
物相检测	X射线衍射分析（XRD）仪	得到的信息量较多	需要样品量较大	适合样品量多的试样
	拉曼光谱（Raman Spectra）	样品需求量少，无需制样，青铜的大多数锈蚀产物都能得到很好的拉曼光谱图	相对得到的信息量较少	适合微量、无损样品以及多层锈蚀物样品的原位检测
年代分析	热释光检测	测试准确度比较高	需要有损取样，对测试条件要求比较严格	适合可以采集范土的检测样品

思考题

1. 青铜文物需要何种科技检测方法和设备？

第三节　青铜器修复方案及修复档案编写

文物保护修复方案与档案是文物保护修复工作中不可或缺的重要环节，既可以保留文物本体在修复前后的一系列重要信息，又能够将保护修复工作涉及的整个过程完整地记录下来，成为文物保存档案中最重要的组成部分以及后期研究工作有力的档案资料。采用科学的方法来进行文物保护修复方案与档案的构建，不仅是文物保护学科建设的必然需求，也是有效传承、保护非物质文化遗产的一个重要路径。

由国家颁布和各部委、行业协会编写的一系列相关国家标准和行业标准，是目前中国编制青铜文物修复保护方案制定与档案记录的规范标准。

青铜器修复保护档案主要包括修复详细操作流程、日志、影像资料、文字、分析图表、电子档案等（图4-14）。

一、建立修复档案

建立修复档案是指按照中华人民共和国国家标准《GB/T30687-2014 馆藏金属文物保护修复档案记录规范》建立规范化的档案。

详细了解并记录青铜器的基本信息，包括青铜器的征集、收藏、保存历史资料，曾经保护修复使用的方法、材料和照片资料，以及对青铜器曾经进行的各种分析与检测报告、照片、录像、文字资料以及修复前后的三维扫描数据等，全方位详细记录本次文物修复前的状态。档案编制和记录工作贯穿整个青铜器保护修复工作始终。编制和记录的方法与细则可以参见相关规范。

二、编写修复方案

《GB/T30687-2014 馆藏金属文物保护修复档案记录规范》规定了馆藏金属文物保护修复档案编写的文本内容和格式，定义了馆藏金属文物保护修复工作的基本术语。这项国家标准适用于对馆藏金属文物保护修复方案的制定，对收藏、流散或传世文物以及考古现场金属文物保护修复档案的编写也具有一定的参考价值。修复档案编制内容基本上分为七个方面：

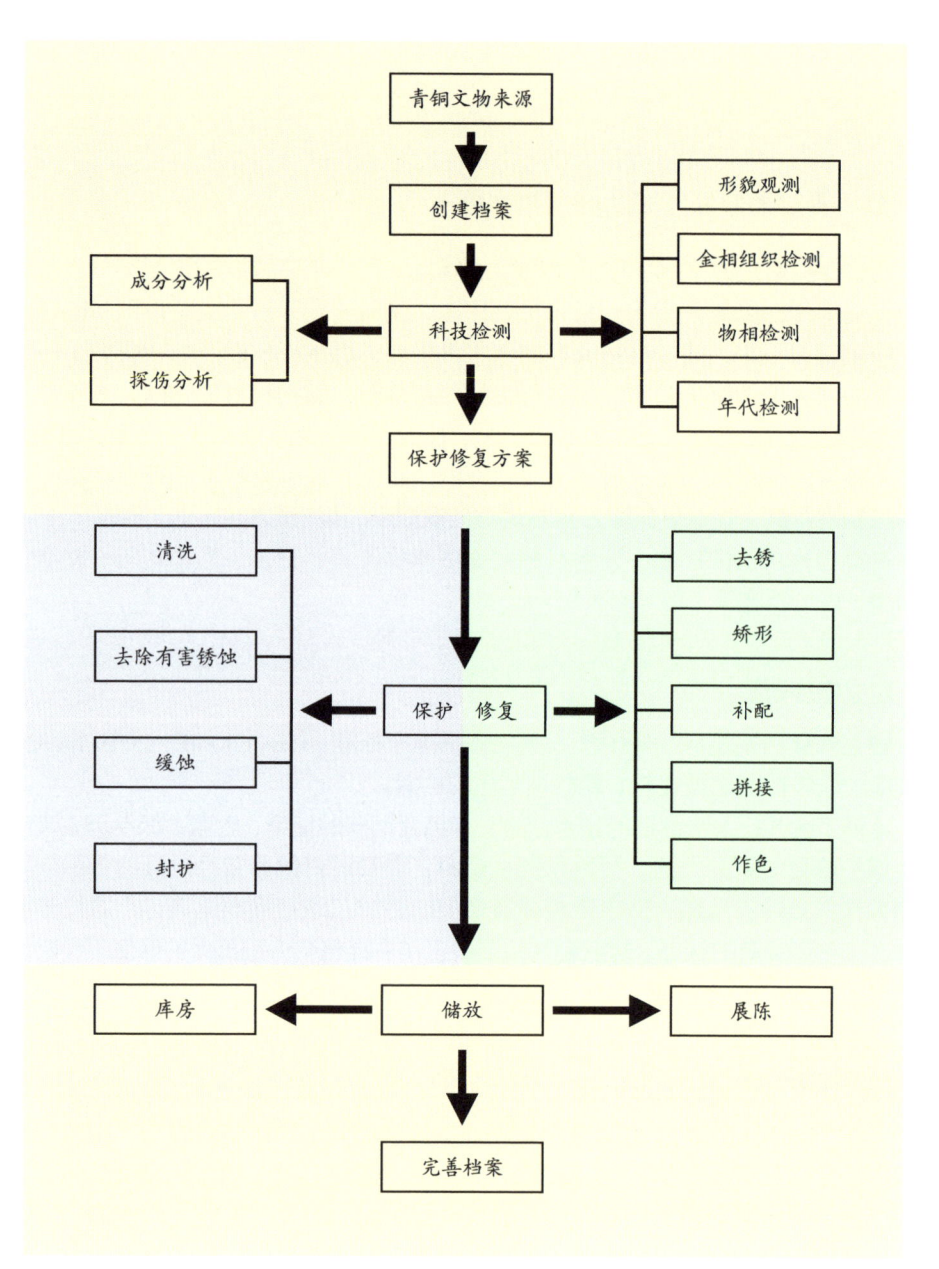

图 4-14　青铜器保护与修复基本流程图

1. 青铜文物基本信息与价值评估；
2. 青铜文物保存现状调查和科技检测评估；
3. 青铜文物修复方案中的图示（含病害图和照片）；
4. 青铜文物实施保护修复的方法和步骤；
5. 青铜文物保护修复经费预算；
6. 青铜文物保护修复后的保存环境；
7. 青铜文物保护修复验收等。

（一）青铜文物基本信息与价值评估

青铜文物的基本信息包括文物的属性即名称、文物编号、来源、时代、质地、等级，文物的外观描述即文物的外形尺寸、质量、完残程度等，文物的收藏、保存环境状况等。通过这些，我们可以清晰地掌握文物修复与保护最直接的基本状况。

文物价值的评估要利用考古资料和文献，结合现状评估信息，并邀请考古学家和艺术史研究人员，共同评估青铜器的历史、科学和艺术价值。

历史价值是指能真实地反映当时的历史实际，反映某一历史时期的物质生产、思想观念、生活方式、风俗习惯等，反映年代和类型独特珍稀，或在同类中具有代表性，反映青铜文物历史的发展变化等。艺术价值是指青铜文物形制、纹饰风格等独特，具有鲜明的地域性、阶段性、民族性等个性特征，在年代、类型、题材、形式、工艺方面具有创新的构思和表现手法。

科学价值是指在科学史和技术方面的价值，体现在：青铜文物表现和记录了重要的科学技术资料，青铜文物的结构、材料、制作工艺，以及它们所代表的当时科学技术水平，或科学技术发展过程的重要环节。

（二）青铜文物保存现状调查和科技检测评估

青铜文物的保存现状调查与评估是文物保护修复方案设计的基础。保存现状调查内容有：调查历次保护修复以及保存环境等相关信息，以及应用现代科学方法进行检测分析文物结构、基体金属成分及主要病害等科技信息。

依据对青铜病害的分析结果确认器物处于基本完好、轻度腐蚀、中度腐蚀、重度腐蚀还是濒危状态，基于不同的保存环境条件选择相应的保护处理方法和材料；依据详细观察结果和内部结构探伤分析信息确定器物扭曲、残破、断裂的程度，从而采取必要的修复技术。

（三）文物病害与图示国家标准

根据中华人民共和国国家标准的规定，不同青铜器病害具有基本术语以及青铜器病害的图示，以适用于博物馆、考古所等文物收藏的青铜质文物的记录与图示。

对金属文物腐蚀进行定义与图例标示，以及对金属文物的铸造信息和修复痕迹的图示进行规范，提高金属文物保护研究修复过程中技术行为的规范性和科学性，是对文物腐蚀及控制研究中的重要内容（表4-2）。

表4-2：青铜质文物病害图示（例）

编号	病害图示	病害名称	病害说明
1		残缺	青铜质和铁质文物受物理和化学作用导致的基体缺失
2		断裂	青铜质和铁质文物由于应力作用或人为损伤，使器物丧失其连续性和完整性的现象
3		裂隙	青铜质和铁质文物表面或内部开裂形成的缝隙
4		变形	青铜质和铁质文物因受外力作用导致形状发生改变
5		层状堆积	青铜质和铁质文物因发生层状腐蚀而导致其腐蚀产物分层堆积的现象
6		孔洞	青铜质和铁质文物腐蚀形成的穿孔现象
7		表面硬结物	青铜质和铁质文物表面覆盖铭文和花纹的硬质覆盖层
8		矿化	青铜质和铁质文物保留原有表面，失去金属刚性的腐蚀现象
9		点腐蚀	产生于青铜质和铁质文物表面向内部扩展的点坑，即空穴的局部腐蚀
10		微生物损害	与厌氧菌、硫酸盐还原菌等微生物作用有关的腐蚀

国家与行业标准的制定为青铜文物的修复与记录提供了规范的提纲与框架，但由于我国各地考古与收藏机构的青铜文物出土、收藏以及保护修复条件各不相同，各地区需在总的标准和规范下进行适当调整，以适应各地不同的情况需求。

随着保存记录形式的进步与发展，修复方案及档案的制定也已经从早期简单的文字记录描述、手工测量绘图、拍摄图片影像发展到保存文物三维扫描数据、各种科学仪器测试数据，以及所有相关学术论著与观点，为后期研究与共享资料提供极大的便利（图4-15）。

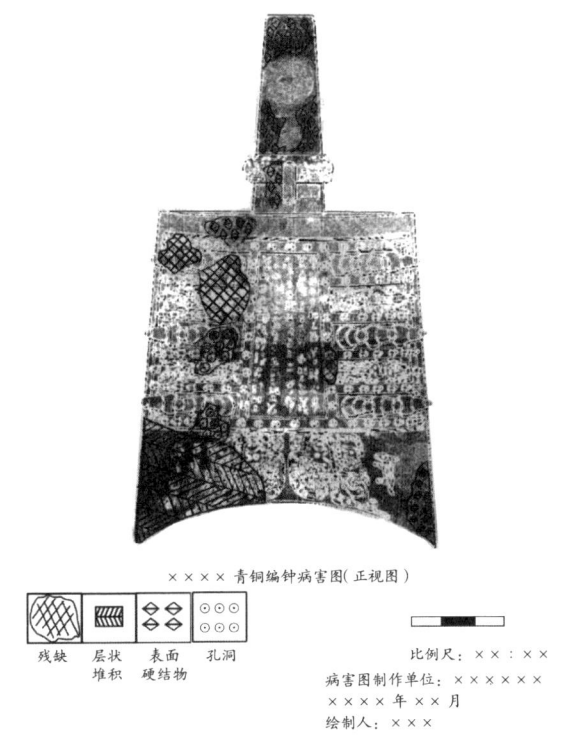

图 4-15 青铜器病害图示使用范例

思考题

1. 简要描述青铜器修复保护档案主要包括哪些详细操作流程。
2. 青铜质文物病害图示有几种？

拓展阅读

[1]《GB/T 30686-2014 馆藏青铜质和铁质文物病害与图示》，中国标准出版社，2014

[2]《WW/T 0010-2008 馆藏金属文物保护修复方案编写规范》，中国标准出版社，2008

[3]《GB/T 10123-2001 金属和合金的腐蚀、基本术语和定义》，中国标准出版社，2001

第五章
青铜器保护与修复流程

中国青铜器修复是传统技艺与文保科技相结合的工作。这二者互相融合与互补，始终贯穿于整个青铜器修复和保护流程，包括清理、除锈、缓蚀、封护、矫形、拼接、刻纹、翻模、铸造、配缺、打磨、作色等十余个环节。

第一节　清理与除锈

（请扫描版权页上的二维码，观看教学视频）

青铜器长期在地下埋藏环境中与周围环境相互作用，表面带有大量埋藏环境的附着物以及与器物作用所产生的锈蚀等腐蚀产物，这些腐蚀产物虽然包含了埋藏环境的信息，但也掩盖了器物上具有研究价值的铭文和纹饰，并可能有一些有害物质滋生其中。

青铜文物清理与去锈的目的是去除有害于青铜基体的物质，如氯化物、水溶性盐、难溶性硬壳、微生物以及以往保护修复处理的残留物等，以达到青铜器物保存长期稳定性及美观展示的目的。清理附着物与去除腐蚀产物是青铜文物保护修复过程中的首道工序。

青铜器表面的清理与除锈是一个不可逆过程，因此操作之前要对青铜器的腐蚀产物有一个全面的了解。

一、锈蚀的分类

青铜腐蚀产物俗称"锈"，是青铜在空气、水或泥土中受到各种污染源的侵蚀，使青铜材质发生化学反应和电化学反应，其中铜（Cu）、锡（Sn）、铅（Pb）单质变成化合物，还原到矿化物的过程，引起金属的破坏或变质，生成的与原金属的化学成分和性质全然不同的氧化物、含水氧化物或碱式盐的总称。

腐蚀产物保留了器物过去的保存环境以及造成器物腐蚀原因的重要线索。通过对腐蚀产物组成和结构进行检测分析，可以了解腐蚀产物的种类和性质，对文物保护工作具有重要的指导意义。腐蚀特征及腐蚀程度可以协助判定器物的真伪，可以帮助判定器物是否稳定以及某种保护处理措施是否适用；贸然剔除腐蚀产物可能会去掉重要的历史信息或精细的器表特征，甚至可能损坏器物的初始外形和表面细节；对腐蚀产物的认知还可以协助提供选择最优保护环境（是开放性展示，还是放在展柜中）的科学基础。对于完全矿化的器物，腐蚀产物分析很可能是分析其成分或矿料来源的唯一线索。

腐蚀的原因比较复杂，除了外因，青铜文物材质、化学成分的不均匀、组织结构的差异及铸造缺陷等内因都是造成腐蚀的因素。作为青铜时代的文化载体，青铜器历经千年，绝大多数出自墓葬、遗址或者窖藏的发掘。作为腐蚀介质，土壤的毛细管及孔隙被空气、水和电解液充满。不同配比的青铜器埋于土壤中，在空气、水、电解液的作用下，自然形成各种不同结构、不同外观的腐蚀覆盖层。覆盖层中主要有氧化物、硫化物、硫酸盐、碳酸盐、磷酸盐、硝酸盐以及氯化物等等，它们使青铜文物表面色彩缤纷，这些绝大多数属腐蚀产物，有些蓝绿色亮丽的锈色不仅没有破坏青铜器，反而增添了古朴的美感（图5-1）。

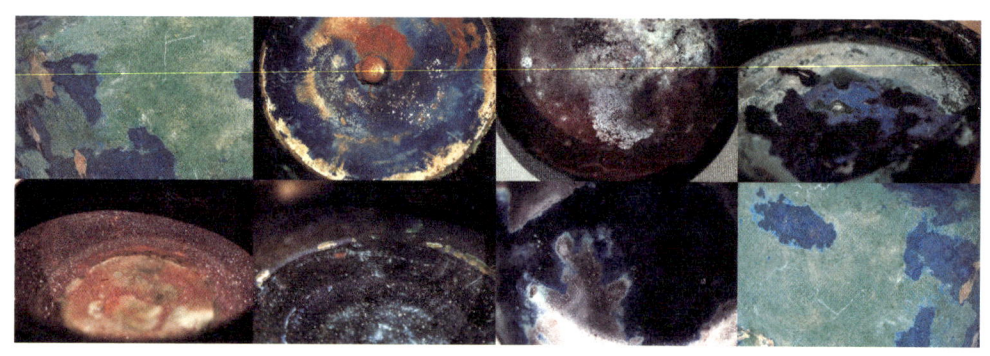

图5-1 色彩丰富的青铜器锈色

（一）锈蚀质感的分类

锈蚀层按质感与颜色分类，是中国传统金石收藏界较为流行的一种方式。不同质地的锈蚀有专用术语命名。青铜器的腐蚀按生成关系与可视状态基本分为皮壳、薄锈、厚锈、发锈四类。

1. 皮壳

皮壳也被称为"底子"或"贴骨锈"，是青铜器在保存与流传环境中与周围环境中的多种化学物质长期发生作用，在青铜器基体表面生成的一层稳定、致密的无害腐蚀产物层，对青铜器有一定的保护作用，有效地加强了青铜器抗外界腐蚀能力。皮壳通常质感光亮如漆，质地稳定，颜色丰富，层次厚实。古董界还给这些皮壳起了各种俗称，例如黑漆骨、绿漆骨、水银沁、泛金底等等（图5-2）。

2. 薄锈

薄锈，通常指单层腐蚀产物。它浮于皮壳之上，颜色和成分相对纯净，呈现出深浅不一的绿锈、蓝锈。薄锈多出于青铜器窖藏，窖藏出土的青铜器由于没有与土壤直接接触，属于封闭环境中的大气腐蚀，青铜器在缺氧的和中等浓度的非氧化性酸中表现得相当稳定（图5-3）。

3.厚锈

厚锈是指层次丰富、锈色多样、锈体坚硬、层次明显的腐蚀产物，由几层不同颜色的杂色氧化物组成，层次复杂。天然锈层的边缘都有很自然的矿物质晶体断面。厚锈多出自相对干燥的北方地区（图5-4）。

4.发锈

发锈是金石收藏界对锈蚀的一种术语，是指青铜器表面一种硬结物锈蚀，因其自内向外腐蚀，会使青铜器基体表层凸鼓起来形成一个个锈泡，常常伴生有害锈（粉状锈）发作，故名"发锈"（图5-5）。

图5-2 青铜器皮壳（①—④依次为黑漆骨、绿漆骨、水银沁、泛金底）

图5-3 呈现出深浅不一的绿锈、蓝锈的薄锈

图5-4 层次丰富、锈体坚硬的厚锈

图5-5 青铜器表面硬结物锈蚀

（二）锈蚀形态的分类

现代文物保护将锈蚀的腐蚀形态大致归为如下几种。

1. 减薄和失重腐蚀

减薄和失重腐蚀，是指铜质文物全面受到均匀腐蚀的现象。在没有局部性侵蚀的情况下，整体减薄是一种破坏性最小的腐蚀现象。用被腐蚀件的失重随时间的变化数据可以比较准确地表征其受侵蚀的程度。

2. 点蚀

点蚀，青铜粉状锈是典型的点蚀现象。潮湿、含氯离子的环境等因素是形成点蚀的原因。

3. 选择性腐蚀

选择性腐蚀是指金属在腐蚀过程中，表面上某些特定部位有选择地溶解现象。金属固溶体的组分之一，优先地由于腐蚀而转入溶液，而金属表面则逐渐地富集了另一组成。许多研究表明，青铜表面腐蚀产物中富锡，由此推出青铜中锡优先于铜腐蚀形成腐蚀产物，或者铜优先于锡腐蚀并且铜流失造成锡富集。可见，哪一组分优先腐蚀，与文物所处环境有关。腐蚀层是由于溶解的金属离子从基体向外迁移、沉积、流失，环境介质元素向内迁移，两者相结合所形成的。

4. 晶间腐蚀

晶间腐蚀是局部腐蚀的一种，是沿着金属晶粒间的分界面向内部扩展的腐蚀，主要是晶粒表面和内部间化学成分的差异以及晶界杂质或内应力的存在造成的。晶间腐蚀破坏晶粒间的结合，大大降低金属的物理强度。腐蚀发生后，金属和合金的表面仍保持一定的金属光泽，看不出被破坏的迹象，但晶粒间结合力显著减弱，力学性能下降，不能经受敲击，是一种很危险的腐蚀。

5. 应力腐蚀开裂

青铜铸件在应力和腐蚀环境的共同作用下引起的开裂被称为应力腐蚀开裂，这是应力与腐蚀联合作用的结果。若只有应力或者介质单方面的作用，破坏不会发生。但当两者联合作用时，青铜铸件能很快发生开裂。存在残余应力的铜质文物，在特定的腐蚀条件下，腐蚀和静态应力共同作用会促使文物开裂。

（三）锈蚀性质的分类

锈蚀按照性质可分为两大类。

1. 无害锈

化学性质稳定的锈蚀被称为无害锈。皮壳和一些质地坚硬的锈蚀，如黑色的氧化铜（CuO）、红色的氧化亚铜（Cu_2O）、绿色或蓝色的碱式碳酸铜[$Cu_2(OH)_2CO_3$]等均属于无害锈。

2. 有害锈

青铜器有害锈的化学成分主要是氯化亚铜（CuCl）和碱式氯化铜 $Cu_2(OH)_3Cl$。碱式氯化铜是"青铜病（Bronzedisease）"粉状锈的主要成分。粉状锈质地酥松，呈粉绿色。这种锈对青铜器本体危害性极大，可以把青铜器腐蚀成一堆铜锈粉末，严重破坏文物信息，所以又被称为青铜器的"癌症"。关于青铜器粉状锈机理与清除的研究一直是青铜文物保护的重要课题。目前粉状锈成因机理大致归纳为以下三点（图5-6）。

（1）铜的电化学腐蚀机理

青铜器在埋藏环境中接触到氯化物，半径小的氯离子容易穿透水膜而与铜发生作用形成氯化亚铜（灰白色蜡状物）：$Cu+Cl \rightarrow CuCl+e$，氯化亚铜又与水反应生成氧化亚铜和盐酸：$2CuCl+H_2O \rightarrow Cu_2O+2HCl$。氧化亚铜（红色）遇

图5-6 化学性质稳定的无害锈（左）与质地酥松主要成分是碱式氯化铜的有害锈（右）

氧气、水和二氧化碳时可生成碱式碳酸铜（绿色）：$Cu_2O+OH_2O+CO_2 \rightarrow CuCO_3 \cdot Cu(OH)_2$，氧化亚铜遇水、氧，加上盐酸又可转化为碱式氯化铜（粉绿色）：$2Cu_2O+2H_2O+O_2+2HCl \rightarrow CuCl_2 \cdot 3Cu(OH)_2$。由此可见，青铜器受到环境影响所形成的腐蚀产物是一种由内向外为 CuCL、Cu_2O，再向外是 $CuCO \cdot Cu(OH)_2$ 或 $CuCL2 \cdot 3Cu(OH)_2$，两者呈相互层叠状结构，这一结果已被 X 射线衍射法的实验所证实。由于氯化亚铜层的转化产物——碱式氯化铜是疏松膨胀的，呈粉状，氧和水仍可进入其中，使氯化亚铜层转化为碱式氯化铜：$4CuCl+O_2+4H_2O \rightarrow CuCl_2 \cdot 3Cu(OH)_2+2HCl$。

这就造成了内部生成粉状锈的条件；生成的盐酸遇到共析组织，又使铜转化为氯化亚铜：$4Cu+4HCl+O_2 \rightarrow 4CuCl+2H_2O$。

形成的氯化亚铜又与浸入内部的氧气和水作用生成碱式氯化铜。这样周而复始，使青铜器的腐蚀产物不断扩展、深入，形成层状结构腐蚀，最终生成粉状锈，使铜器酥粉脆化。

（2）点蚀性机理

由于青铜合金成分铜、锡、铅不均匀分布，形成许多电位不同的微区，从而组成微电池进行电化学腐蚀。其锈蚀蔓延的条件是潮湿、含氯离子的环境，这是点蚀发生的外界因素。

（3）晶间腐蚀机理

由于青铜器内金相组织不同，每个相中锡的含量不同，合金铜中的电化学腐蚀受到相中含锡量多少的制约，锡含量较高的相电化学腐蚀容易产生，氯离子在粉状锈的生成过程中仍起着关键作用。由此可见，粉状锈产生的基本条件是相同的，即水分、水溶性氯化物（盐分）和氧化性气体。

（四）有害锈的检测方法

作为在青铜器表面形成粉状锈的主要组成物碱式氯化铜有四种不同的形态，分别为羟氯铜矿、副氯铜矿、氯铜矿和斜氯铜矿。从热力学的角度分析，四者的稳定性不同，羟氯铜矿是最不稳定的锈蚀产物，因此在日常的检测中极少发现，氯铜矿、副氯铜矿则相对稳定。

对于表面已冒出的粉状锈的检测，主要包括两种方法：一种为现代科学仪器分析，另一种为常规的化学分析。现代科学仪器如X射线荧光光谱仪、X射线衍射仪、拉曼光谱仪和傅里叶变换红外光谱仪、离子色谱仪均可以非常有效、快捷地定性检测出有害锈的存在。采用X射线荧光光谱仪对锈蚀产物成分进行半定量分析，若确定样品中含有氯元素，之后可通过X射线衍射仪、拉曼光谱仪或傅里叶变换红外光谱仪进一步确认锈蚀产物的物相结构，前者与后者可以互为补充，相互印证。

常规的化学分析因不受仪器的限制，且具有方便、快速和简单等特点，非常适用于文物现场及中小博物馆等无仪器分析条件单位的检测。在实际分析中其应用范围更广，但缺点是容易受其他化学成分的干扰。具体操作方法如下：首先在青铜器上取疑似粉状锈的锈蚀物，将样品溶解于6mol/L—8mol/L的HNO_3溶液中，待溶解完全，溶液清澈时，往其中滴加0.1mol/L的$AgNO_3$溶液，会有三种实验现象之一产生：

1. 溶液无白色沉淀生成，表明锈蚀样品中不含氯；
2. 溶液轻微浑浊，表明锈蚀样品中含有少量氯；
3. 溶液中有大量白色絮状物沉淀，表明锈蚀样品主要以粉状锈为主。

硝酸能将锡氧化为白色粉末状的锡酸，因此锈样采用硝酸溶解时，呈混浊或有不溶解的白色沉淀，则会对检测结果产生一定的影响。

对于表面尚未冒出"粉状锈"的检测，因其病灶大多在锈层底下，可以采用BTA—H_2O_2溶液进行鉴别。因为有病灶的地方都会有氯化亚铜存在，H_2O_2与Cu_2Cl_2能产生激烈的氧化还原反应，快速生成絮状物，表面积有瘤块状并有起伏不平的锈层底下大多藏有这种病灶。通过检测"粉状锈"的活性，为修复方案的制定与实施提供重要判断依据。青铜器腐蚀产物的类别与颜色见表5–1。

表 5-1：青铜器腐蚀产物的类别与颜色表

类别	矿物名称与分子式	晶系	颜色
铜的氧化物和氢氧化物	赤铜矿 Cu_2O	立方晶系	亚金属红色
	黑铜矿 CuO	单斜晶系	金属灰黑色
	斯羟铜矿 $Cu(OH)_2$	无定形	
锡的氧化物	锡石 SnO_2	四方晶系	白色
铅的氧化物	铅黄 $\alpha-PbO$	斜方晶系	黄色
铜的硫化物	辉铜矿 Cu_2S	六方晶系	浅黑灰色
	铜蓝 CuS	六方晶系	蓝色
碱式碳酸铜	孔雀石 $CuCO_3 \cdot Cu(OH)_2$	单斜晶系	淡绿色
	蓝铜矿 $2CuCO_3 \cdot Cu(OH)_2$	单斜晶系	玻璃蓝
	蓝铜钠石 $Na_2Cu(CO_3)_2 \cdot 3H_2O$	单斜晶系	绿蓝色
碱式碳酸盐	水胆矾 $Cu_4SO_2 \cdot (OH)_6$	单斜晶系	玻璃绿色
	胆矾 $CuSO_4 \cdot 5H_2O$	三斜晶系	深蓝色
	羟铜矾 $Cu3SO_4 \cdot (OH)_4$	斜方晶系	玻璃绿色
铜的磷酸盐和硝酸盐	磷铜矿 $Cu_2(PO_4)(OH)$	斜方晶系	深浅不一的橄榄绿色
	铜硝石 $Cu_2(NO_3)(OH)_3$	斜方晶系	透明的绿色
铅的碳酸盐	白铅矿 $PbCO_3$	斜方晶系	白色
	水白铅矿 $Pb_3(CO_3)_2(OH)_2$		白色
铜的氯化物和碱式氯化物	氯化亚铜 $CuCl$	立方晶系	淡绿色
	氯铜矿 $Cu_2(OH)_3Cl$	斜方晶系	玻璃绿色
	副氯铜矿 $Cu_2(OH)_3Cl$	斜方六面体	淡绿色
	羟氯铜矿 $Cu_2(OH)_3Cl$	单斜晶系	淡蓝绿色
	斜氯铜矿 $Cu_2(OH)_3Cl$	单斜晶系	淡绿色
	氯磷钠铜矿 $NaCaCu_3(PO_4)_4Cl \cdot 5H_2O$	斜方晶系	蓝绿色

（五）清理与除锈的原则

青铜器受腐蚀损害程度的不同，表面呈现的状态也不同，修复人员应该有针对性地采取不同的措施。以下介绍几种清理与除锈的原则。

1.清洗方法与材料应对青铜文物本体材料及结构无影响，清洗中不应引起新的划痕、裂隙或其他损伤表面的现象。

2. 腐蚀物质的去除与保留。对于有害锈必须彻底清除；对稳定的无害锈则可参考最小干预性的原则，但对遮挡了纹饰与铭文等部分信息以及影响整体美观的无害锈，也应该进行有选择性地去除，并在保留青铜器表面带有重要信息的包裹物、附着物的基础上，去除器物表面的污物、浮土、沉积物，并结合收藏、展览等不同要求操作。

3. 清洗剂不应残留于青铜文物本体内；不能在文物表面或内部产生可溶盐，不能改变被处理材质的物理参数。

4. 清洗材料和方法应优先选择对人体无毒、低刺激性和环境友好型配方。

5. 从视觉上清洗部位应与周围统一协调。

在传统青铜器修复中，除锈是至关重要的一步。不同颜色的锈层下会出现何种"皮壳"？如何在保证"皮壳"安全、漂亮的情况下有效地去除不同锈层？这依赖于资深文物修复师应对各种复杂锈层的技术与经验。同样，除锈既是一门技术，也是一门"艺术"。青铜器表面美丽的蓝色、绿色锈层是青铜器传承千年的一部分，也是东方传统金石审美趣味的体现。蓝绿锈层在局部取舍与整体布局上体现出的自然与古朴的金石情趣，也反映出修复师对传统东方美学真正的理解程度。

（六）清理与除锈的方法

1. 物理清理与除锈

（1）清理

清理是指在对器物进行全面清洗与除锈之前，对器物特征性局部进行尝试性清洁与整理，对器物腐蚀程度分布、纹饰与铭文位置、制造工艺、使用痕迹以及表面附着物基本性质进行初步病害程度评估，为后期选择合理的去锈方式提供依据，以避免有用信息的流失以及盲目操作造成的隐患。

（2）清洗

清洗是指以水作为主要清洗介质，去除青铜文物表面附着物，包括土垢、可溶性吸湿性盐、处理过程中的化学品残留等。

①一般清洗

清洗青铜器一般使用纯净水、去离子水或蒸馏水。工具有毛刷、竹签，必要时可以配合使用高压喷水枪，利用水的溶解和刷子机械摩擦的双重作用，是最经济也是最常用的方法。可以通过提高温度、冷热水交替刷洗、多次更换水的方法提高清洗速度。清洗可以去除一部分泥土尘垢、浮锈、可溶盐类（如氯化物）、油污等。另外，含铅量高的青铜器在清洗时对水质的要求更高，因为铅不耐电池酸蚀，容易沉积出浅白色的碱式碳酸铅，需要调节水的pH值，使其大于7。

②超声波清洗

超声波是一种频率超出人类听觉范围20kHz的声波。超声波的传播要依靠弹性介质,在传播时,使弹性介质中的粒子振荡,并通过介质按超声波的传播方向传递能量。超声波清洗正是利用超声波在液体中的空化作用、加速度作用及直进流作用对液体和污物进行直接、间接的作用,使污物层被分散、乳化、剥离,从而达到清洗目的。目前应用广泛的主要是槽式超声波清洗和超声波洁牙机清洗。

槽式超声波清洗需要将器物完全浸泡在液体中,利用超声波在液体中的空化作用、加速度作用及直进流作用,对液体和污物进行直接、间接的作用,使污物层被分散、乳化、剥离,从而达到清洗目的。

槽式超声波清洗操作要求与注意事项:

Ⅰ超声正常运行时,应听得到超声波与槽体谐振的均匀声音,且清洗液表面无激荡,只有空化效应爆炸引起的水花。如果有间断性震荡,可能是清洗液过多或过少引起的,消除间断性振荡有利于清洗效果。

Ⅱ在保证清洗文物洁净的前提下,尽可能有间断地工作(连续工作时间不宜超过60分钟),长时间超声清洗会使箱内积聚的温度升高,易加速设备内电子器件的老化。

Ⅲ绝不能使用易燃的清洗剂。

Ⅳ镶嵌装饰的器物需谨慎使用槽式超声波浸泡清洗,因为在清洗过程中,任何不牢固的镶嵌物都可能会脱落;如有异物落入槽内或者机箱内,应立即取出。

Ⅴ使用后应立即排空槽内清洗剂,清洗和清除清洗槽中的污垢,以免引起堵塞。

超声波洁牙机是利用可调节的超声波产生的不同的频率振动,通过光滑的超声波洁牙机工作头,把青铜器表面的污物、锈蚀混合物震碎,然后通过洁牙机产生的水雾把污物冲刷下来,以达到清洗的目的(图5-7)。

图5-7 运用超声波去锈前后的商晚期凤鸟纹方鼎(左为去锈前,右为去锈后)

超声波洁牙机清洗操作要求与注意事项:

Ⅰ清洗除锈时,洁牙机操作强度需从小逐渐增大;

Ⅱ洁牙机用水需使用纯水,以免因水垢堵塞手柄;

Ⅲ洁牙机手柄工作尖的角度和工作尖对器物的压力是引起表面氧化层缺损最重要的因素,为了防止对表面氧化层造成过度的破坏,一般建议使用约0.5N的侧向力,尽量选用中低挡,工作尖尽量与器物面平行。

③蒸汽清洗

蒸汽清洗也叫过饱和蒸汽清洗,是通过高温高压作用下的饱和蒸汽,对被清洗青铜器表面的溶解性残留物进行溶解清洗,使被饱和蒸汽清洗过的器物表面达到超净态。同时,过饱和蒸汽可以有效切入任何细小的孔洞和裂缝,剥离并去除其中的污渍和残留物。蒸汽清洗绿色环保,无须任何化学介质,被清洗器物表面迅速干燥,不产生废水,无二次污染。蒸汽清洗对青铜器表面的化学品残留、蜡、有机类污物等都有快速有效的去除效果(图5-8)。

图5-8 采用蒸汽清洗清乾隆鎏金铜钟表面的化学品残留

蒸汽清洗操作要求与注意事项:

Ⅰ蒸汽清洗机内严禁加入洗涤剂等任何化学物品,只能使用普通水;

Ⅱ蒸汽清洗机操作时水箱水位不宜过满,以防止水从减压阀的孔洞里溢出;

Ⅲ蒸汽清洗机使用过程中加水或倒水时,一定要把里面的蒸汽放完才能开盖,以防蒸汽烫伤;

Ⅳ蒸汽清洗机使用结束后需放置一段时间,待机身冷却后再倒出余水,这样有助于保护发热器。

④干冰清洗

干冰清洗又称冷喷,是以压缩空气作为动力和载体,以干冰颗粒为被加速的粒子,通过专用的喷射清洗机喷射到被清洗物体表面,利用高速运动的固体干冰颗粒的动量变化、升华、熔化等能量转换，使被清洗物体表面的污垢、残留杂质等迅速冷冻。-78℃的干冰颗粒高速撞击到被清洗表面，撞击动能散逸，干冰粒与清洗表面发生极其快速的热转移，当其汽化后会吸收大量热量。这种低温效果使干冰清洗机具有独特的热力学特性，从而影响黏附污垢的机械性能。由于干冰颗粒与清洗表面间的温度相差很大，所以会发生热冲击现象。不同热膨胀系数的两种不同材料，它们之间的温差会破坏两种材料间的结合。冷冻脆化的污物在被清洗的表面上破裂，由黏弹态变成固态，且脆性增大，黏性减小，使之在表面上的吸附力骤减，同时表面积增大，部分污物可以自动剥离，且同时随气流被清除，达到了脱除污物的目的。这种方法比较适合清除质地较好的器物上的类似油漆、蜡、油污等原本易变形、有黏性的不易被机械剔除的污垢。干冰清洗不会对被清洗物体表面造成任何伤害（图5-9）。

利用冲击力使附着物被剥离　　利用大幅度温差使剥离力提升　　利用升华作用清除附着物

图5-9　干冰清洗原理示意图

干冰清洗操作要求与注意事项：

Ⅰ不适合氧化脱胎、胎质酥松质地，以及贴金和镶嵌装饰青铜文物的清洗；

Ⅱ就像使用其他压缩空气系统一样，使用干冰喷射方法对模具进行清洗时，通常噪声会达到102d6A，所以需要使用护耳设备来操作；

Ⅲ以900ft/s的速度喷出的干冰颗粒喷射到人身上时，会对人身造成一定的伤害，操作人员在操作前一定要穿戴好防护设备。

（3）除锈

①手工剔除

手工剔除表面锈层的方法中外雷同，大都为采用一些精细手动工具及手持式电动工具，例如三棱刮刀、雕刻刀、手术刀、锤子、凿子、各种刷子、打磨机，以及一些不锈钢手术器械、牙科器械，通过震动、打磨、刮剔、扫刷等方式除去青铜器表面的沉积物与不美观的锈层。这种方法适用于表面锈层不厚、易于去除的青铜器（图5-10）。

手工去除操作要求与注意事项：

Ⅰ手工剔除工具的选择应该由软到硬，由小到大，由手动到电动；
Ⅱ手工剔除锈层应从疏松断层入手，多点进行，由点到面；
Ⅲ手工剔除锈层对于修复人员的操作力度以及经验的要求较高，在显微镜下操作更为安全，以免用力不慎剔伤青铜器基体。

②喷砂除锈

喷砂除锈是采用可调控的压缩空气为动力，以形成高速喷射束，将喷料高速喷射到需要处理的锈层表面。根据锈层成分与厚度情况选择不同颗粒度、硬度的喷料（如刚玉砂、二氧化硅粉、尼龙砂、核桃壳粉、玉米粉等），在适当的强度下对坚硬厚实的锈层进行去除。其最大优势是可有效去除大面积的不溶性硬垢层，而且可人为控制去除的量及厚度。由于器物表面腐蚀程度不同，锈层密度参差不齐，喷砂除锈尤其需要由轻到重、由缓至急，以免伤及需要保留的器物基底的致密氧化层（图5-11）。

图5-10 手工剔除锈层后的商晚期兽面纹鼎

喷砂除锈操作要求与注意事项：

Ⅰ工作前必须穿戴好防护用品，舱体内操作室不能露出手臂皮肤，以免引发伤害；

Ⅱ检查通风管及喷砂机门是否密封，工作前五分钟，须开动通风除尘设备，通风除尘设备失效时，禁止喷砂机工作；

Ⅲ压缩空气阀要缓慢打开，气压不准超过0.8MPa；

Ⅳ喷砂粒度应与工作要求相适应，一般在十至二十号之间适用，砂粒应保持干燥。

③激光清洗

所谓激光清洗技术是指利用高能激光束照射工件表面，使表面的污物、锈

图5-11 经局部喷砂处理的纹饰

斑或涂层发生瞬间蒸发或剥离，高速有效地清除清洁对象表面附着物或表面涂层，从而达到洁净的目的。

在我国文物保护法规要求越来越严格、人们环保和安全意识日益增强的今天，激光清洗除锈具有无研磨、非接触、无热效应和适用于各种材质的物体等特点，被认为是有效、可靠的解决办法。同时，它还可以解决其他传统清洗方式无法解决的问题。

脉冲式激光清洗的过程依赖于激光器所产生的光脉冲的特性，基于由高强度的光束、短脉冲激光及污染层之间的相互作用所导致的光物理反应。激光器发射的光束为表面上需处理的污染层所吸收。大能量的吸收形成粒子的热膨胀、分子的光化解，并产生冲击波。冲击波使污染物变成碎片并被剔除。

图 5-12　激光清洗青铜器

与手工剔除、化学清洗、液体固体强力冲击、高频超声去除法等传统清洗方法相比，激光清洗设备具有明显的优点（图 5-12）。

①绿色清洗：激光清洗是一种绿色的清洗方法，不使用任何化学药剂和清洗液，清洗后的废物为固体无害粉末，体积小，易于存放，可回收。它可以有效解决化学清洗带来的残留与环境污染问题。

②无损伤清洗：传统的清洗方法往往是接触式清洗，对清洗物体表面有机械作用力，会损伤物体的表面，或者清洗的介质附着于被清洗物体的表面，无法去除，产生二次污染。激光清洗的无研磨和非接触性使这些问题迎刃而解，清洗时不进行打磨与剔除，无接触，对基材无损伤。

③安全清洗：激光可以通过光纤传输，与机械手和机器人相配合，方便实现远距离操作，能清洗传统方法不易达到的部位，这在一些危险的场所使用可以确保人员的安全。

④精准清洗：激光清洗能够清除各种材料表面的各种类型的污染物，达到常规清洗无法达到的清洁度，还可以在不损伤材料表面的情况下有选择性地清洗材料表面的污染物。

⑤低成本清洗：激光清洗效率高，节省时间，设备运行时只消耗极少的电量。虽然购买激光清洗系统前期一次性投入较高，但清洗系统可以长期稳定使用，运行

成本低。

利用激光清洗法，能够较好地解决鎏金层表面的铜锈和沉积物去除的问题。激光清洗后，青铜器物具有以下特点：

Ⅰ鎏金层表面平整，不会产生新的划痕；

Ⅱ除锈效率更高，效果较好；

Ⅲ不会存在化学试剂残留的问题。鎏金层反光性极好，对激光的反射极高，很好地避免了激光对胎基的影响，又能精确快速地去除表面附着物，从而达到最小伤害的清洁目的。

激光去除操作要求与注意事项：

①在实际操作除锈机之前，使用者必须接受全方位的学习和培训，了解该设施的结构、组成、特点以及在应用中有可能遇到的意外情况，要按照厂家的要求穿戴好劳动保护用品；

②激光束对人眼、皮肤可能造成严重的损伤，尤其要注意操作时的反光危害；

③激光加工系统中往往使用高电压、大电流，可能造成触电事故（尤其是储能电容的保持电压）；

④注意避免激光加工过程中产生的有害烟雾、电离辐射、闪光灯的强光辐射及等离子放电管的紫外辐射及其光化学危害等；

⑤国际电工委员会 1984 年正式发布了国际标准 IEC825（1984）《激光产品的辐射安全、设备分类、要求和用户指南》；TC-76 技术委员会于 1986 年正式发布了国际标准 IEC820（1986）《激光设备和设施的电气安全》。

2. 化学清洗与除锈

化学清洗与除锈是通过化合、分解、置换、复分解等化学反应将青铜器表面锈层去除。但是很多化学清洗方法会影响青铜器物表面颜色，化学清洗本身带来的化学品残留物对文物造成二次侵蚀与污染的情况也日益增多。随着现代文保研究的不断深入，文物保护修复界对化学清洗去锈后的残留彻底清除问题变得日益重视，这也成为是否选择化学清洗去锈方法的一个重要衡量因素。

在传统修复中，为青铜器除锈的药剂，基本采用结构稳定、不伤害青铜基体、无残留、具有可逆性的天然"化学药剂"。有用酸梅、山楂果肉配制成果泥软膏，贴敷于锈层上，利用温和的天然果酸来逐渐分解与软化锈层，再将之剔除。天然果酸酸度较弱，不会伤及器物皮壳，但除锈的速度较为缓慢（图 5-13）。有用老陈醋加清水浸泡的方法用来去除铜质较好、锈层较薄的青铜器。修复人员用此法时为了保留部分绿锈，还用蜂蜡、松香、植物油调和成蜡泥，按在需要保护的部位，以防止过度除锈。而现代化学除锈方法主要是将一种或多种化学试剂混合用于青铜器的清洗与浸泡中。

下面介绍几种现代化学清洗与除锈中经常使用的方法。

（1）柠檬酸溶液

柠檬酸属于有机弱酸，易溶于水、乙醇和乙醚。用 5%—10% 柠檬酸、5%—

10% 氢氧化铵、碱性酒石酸钾钠，直接将青铜器置于除锈液中浸泡，这样能相当缓慢地溶解氧化铜，对金属作用甚小；也可以采用脱脂棉蘸取除锈液或采用弱酸凝胶局部贴敷除锈的方法。这样能防止因浸泡、洗刷过度而造成青铜器受损（图5-14、图5-15）。

（2）倍半碳酸钠溶液

用倍半碳酸钠溶液浸泡腐蚀青铜器，亦称碱浴浸泡法。碳酸钠和碳酸氢钠以等摩尔数混合后，配制成碳酸氢三钠溶液，将含氯化物的青铜器浸入浓度为5%左右的系列溶液中浸泡，浸泡时最好加热到40℃左右，以置换腐蚀层中氯化物除锈。该方法的机理是：用此溶液浸泡青铜器时，有害锈（氯化亚铜）逐渐转换为稳定的碳酸铜。这是一种安全、方便的处理方法，被广泛采用，缺点是转换速度太慢，少则数月，多则数年，方能完成一件青铜器的去氯清洗。因为青铜器表面腐蚀层受许多因素的影响，是一个由扩散控制的动力学过程。氯化物不仅附在表面，有的还在器物锈蚀层深部，并不能彻底将其置换出来。这种方法对保存绿色的铜锈有利，同时青铜器表层会新生成孔雀石样的腐蚀层，色彩均匀艳丽。

（3）六偏磷酸钠溶液

用六偏磷酸钠溶液除去青铜器表面的钙质沉积物，一般用浓度为5%的六偏磷酸钠溶液浸泡，但速度很慢。对于钙质沉积物很厚的器物，用浓度为15%的六偏磷酸钠溶液浸泡，并对浸泡溶液进行加热，即能加快清除的速度。

图5-13 利用天然果酸分解软化并剔除表面附着物的唐青铜净瓶前后对比（上为剔除前，下为剔除后）

（4）过氧化氢法

用过氧化氢作为氧化剂将氯离子氧化除去，所用的溶液浓度视锈蚀情况而定，剩余的过氧化氢稍微加热即可全部分解，对器物不会产生任何影响。本法与倍半碳酸钠溶液浸泡法比较而言，处理的时间较短，去除氯离子比较彻底；与局部电蚀法、氧化银封闭法比较，过氧化氢法可清除面积大小不同的粉状锈、深浅不同的粉状锈，使用面宽而且处理方法比较简便。

图 5-14　采用弱酸凝胶局部贴敷除锈

图 5-15　用有机弱酸去除西周龙纹簋表面锈层

（5）电化学方法

青铜器的腐蚀是一种电化学反应，因而可以利用电化学的方法使其还原。有时器物不能或没有必要进行全面去锈，只需做些局部处理就可以了。用电化学还原法进行局部去锈，电解质溶液可为 10% 氢氧化钠溶液，还原金属则用锌粉或铝粉。操作方法是：先把锌粉或铝粉与电解质溶液调成糊浆，立即将糊浆敷于铜器上要去除铜锈的部位；待反应结束后，立即用棉花抹去，接着用蒸馏水反复冲擦干净，去除残余药剂。如果操作一次尚未达到除锈的目的，可再反复处理几次。

无论采用天然还是化合配方对青铜器实施清洗除锈，都必须确保不会对青铜基体造成腐蚀，不改变青铜器物的原始形态，器物颜色应无明显改变，不损伤器物原始表面历史信息及纹饰、铭文，对操作人员无害以及确保废液排放符合环境安全标准（图5-16）。

2. 化学清洗与除锈有如下两种方法。

（1）浸泡法

适用于小型馆藏青铜文物的清洗与除锈，浸泡的时间和溶液的浓度与表面腐蚀物的成分和厚度有关。

（2）贴敷法

适用于大型或局部需要清洗和除锈的青铜文物。通过在器物表面贴敷浸泡去除溶液的棉花、纱布或凝胶，以延长器物局部和溶液的接触时间。局部贴敷可以反复进行。

化学清洗与除锈操作要求与注意事项：

（1）化学清洗方法与材料应对青铜本体材料及结构无影响，清洗中不应引起新的划痕、裂隙或其他损伤表面的现象；

（2）化学清洗剂不应残留于文物本体内，污染小；

（3）不能在青铜文物表面或内部产生可溶盐，不能改变被处理文物的物理参数；

（4）清洗与除锈溶剂应优先选择对人体无毒、低刺激性和环境友好型配方；

（5）青铜文物的清洗程度以最小化干扰文物本体，且能最大化去除表面污渍为准，清洗完成后，从视觉上清洗与除锈部位应与周围统一协调；

（6）因为氯化物是导致青铜病产生的根本原因，所以青铜器清洗和除锈过程中一个重要的环节就是去除氯离子，而且要坚决杜绝在操作过程中引入氯离子。

图 5-16 清代鎏金青铜器表面清洗前后对比（左为清洗前，右为清洗后）

要注意：

（1）不要用手直接接触器物，因手上的汗液含有氯化钠，要戴手套；

（2）不要用自来水清洗器物，因为自来水中的漂白剂是次氯酸，应用蒸馏水；

（3）不能使用盐酸处理青铜器（包括铁器、银器），要使用弱酸。

思考题

1. 简要描述青铜器锈蚀的分类。
2. 去除青铜器锈蚀的方法有哪些？

第二节 缓蚀

青铜器在保存的过程中，会受到空气中酸性气体、氧化性气体的进一步腐蚀，尤其在潮湿、含有氯离子的酸性气体条件下，甚至会有粉状锈生长的隐患。因此，青铜类文物的缓蚀处理非常有必要。缓蚀剂是一种少量调节，能阻止金属腐蚀或减缓金属腐蚀速度的物质。当一定浓度的缓蚀剂存在于介质之中，利用其在金属表面成膜的特性，可起到防止或延缓青铜腐蚀的作用。

根据美国试验与材料协会（ASTM）发布的《关于腐蚀与腐蚀试验术语的标准定义》（ASTMG15-76）中对缓蚀剂的定义，缓蚀剂是一种当其以适当浓度和形式存在于介质中时，可以防止或延缓金属腐蚀的化学物质或复合物。缓蚀剂种类繁多，根据其在介质中对金属电化学腐蚀过程的影响，可分为阳极型、阴极型和混合型。根据其在金属表面成膜特征，可分为氧化膜型、沉淀膜型和吸附膜型。

器物表面缓蚀层要求结构致密，与铜本体结合紧密，才能够有效去除氯离子；同时不改变文物外观，缓蚀效果长期有效。目前，苯骈三氮唑（BTA）系国内外普遍采用的用来保护铜及铜合金常用的、有效的青铜缓蚀剂。

BTA 是杂环化合物，呈白色或奶白色的粉末结晶，能溶于乙醇、苯等有机溶剂。1967 年，英国首次发布将 BTA 用于青铜器保护处理的研究结果，其效果良好，至今仍为最受欢迎的材料之一。

关于 BTA 抑制铜腐蚀的机理主要有两种，即吸附理论和成膜理论。吸附理论认为，BTA 吸附于铜器表面后，改变了金属与溶液的界面结构，并使阳极反应的活化能显著升高，从而降低了铜本身的反应能力。而成膜理论认为，它可与铜和铜合金形成不溶于水和许多有机溶剂的透明覆盖膜，从而起到保护作用。这种膜覆盖性能良好，紧贴在金属的外部，把金属表面与腐蚀介质隔开，使金属的溶解或离子化程度大大降低，起到了保护金属的作用。锈蚀的青铜器经 BTA 保护处理后，可防止氧化物、卤素化合物和其他腐蚀性气体的侵袭，"青铜病"即被抑制而稳定下来。

1988 年，印度学者 M.C.Ganorkar 发现 AMT（$C_2H_3S_2N_3$），对铜表面的处理性能优于 BTA。

1996 年，西班牙的学者 E.OTERO 利用 AMT 对 18 和 19 世纪的铜器进行处理，证实 AMT 能有效地去除铜器上的腐蚀产物，并对文物起到保护作用。不仅如此，AMT 能抑制铜在 3.5%NaCl 溶液中的腐蚀。AMT 是五元杂环化合物，分子式为 $C_2H_3N_3S_2$，分子量为 113.18，常温下为浅黄色针状晶体。与传统的处理方式相比，AMT 用于青铜文物保护处理具有其独特的优势。

目前，青铜器所选择的有机唑缓蚀剂有很多，例如：BTA、AMT、MBO（2-巯基苯并恶唑）、MBT（2-巯基苯并噻唑）、PMTA（1-苯基-5-巯基四氮唑）等等。BTA 和 AMT 是目前青铜器保护中常用的缓蚀剂，但 BTA 及 AMT 试剂均存在各自的局限性，其特性仍有待深入研究。随着公众环保意识日益增强，根据《污水综合排放标准》（GB 8978-1996），性能良好的环境友好型缓蚀剂已成为主要研究方向。

一、缓蚀处理操作方法

常用的缓蚀处理操作方法主要有涂刷法、喷涂法、贴敷法等。

（一）涂刷法

涂刷是缓蚀工艺普遍采用的实施方法，具有工具简单、节省用料、受环境限制较少、渗透性较好的优点。缺点是工作效率较低，缓蚀成膜质量受文物形制等影响较大。

（二）喷涂法

喷涂是利用喷枪形成雾化气流均匀作用于文物表面的方法。该法工效较高，膜层均匀，成膜质量受文物形制和操作者影响较小。

（三）贴敷法

贴敷法是利用无酸性纸浆吸附缓蚀剂后均匀贴附在文物表面，并定期更换，最终使缓蚀剂在文物表面形成致密膜。其优点是可使文物在较长时间内处于缓蚀成膜状态，成膜效果较好。

二、缓蚀处理注意事项

（一）涂刷用的刷子在使用前先加固松动的刷毛，涂刷前用溶解缓蚀剂所用溶剂润湿；避免取料过多造成回流现象；一般需刷涂两遍以上，第二遍应与第一遍刷涂方向垂直，保证缓蚀形成的膜层厚度均匀。

（二）喷涂时应注意喷涂路线与方向，纵横喷涂方法依次交替，不可混用；喷头与文物表面应维持在同一水平面上，保证喷涂均匀。

思考题

1. 青铜器缓蚀处理有哪些操作方法？

第三节　封护

封护是指为防止或减缓环境（介质）对金属文物造成的损害，在其表面涂覆天然或合成材料，形成防护膜，以隔绝或减少水分、氧气和其他有害成分对器物的侵害，从而防止或减缓器物发生腐蚀的过程。封护处理一般是对去除了有害锈的青铜文物进行保护过程中的最后步骤。

中国传统的青铜器封护处理方法中最常见的案例就是"熟坑"。"熟坑"是传统金石收藏界的专业术语，是相对"生坑"而言的。"生坑"是指出土未经或稍经清洗去锈处理后仍保持"原生态"的青铜器。但对于已经有"青铜病"的青铜器，为了防止青铜器进一步加剧腐蚀，也为了使其更加古朴美观，古人将"生坑"青铜器洗净除去铜锈后，加热并反复涂以蜂蜡、石蜡封护，加温使得蜡液渗入表面氧化物，待冷却后抛光。经过封护处理的"熟坑"青铜器表层呈沉稳的褐色，具有欧洲古典绘画的色调，底层依然可以保持丰富的色泽。整器通体油脂感强，光亮耀眼，有害锈层在蜡膜的封护下与氧气和水隔绝，呈现一种非常稳定的状态。中国绝大部分传世青铜器都经过"熟坑"封护处理，呈现古朴多变的美感，这也成为传世青铜器的特征之一（图5-17）。

西方国家对封护材料的使用有着悠久的历史，在合成聚合物和合成蜡出现以前，早期欧洲修复工作者所使用的封护材料主要是蜡、油、天然树脂。随着科学技术的发展，不少高分子材料被应用于青铜器封护中。目前，青铜文物常用的封护材料主要分为两大类：天然封护材料和合成封护材料。无论是天然还是合成材料，基本透明、防腐蚀、具有一定的硬度和良好的耐磨性、耐老化性能、可再处理性、热膨胀系数与金属接近等指标成为选择封护材料的基本性能标准。

图5-17 清宫旧藏的西周周宜壶，表面经过"熟坑"处理

天然封护材料包括微晶石蜡、蜂蜡、虫蜡、巴西棕榈蜡、羊毛脂、干性油、虫胶漆等。

合成封护材料包括硝基清漆类、丙烯酸类树脂类、聚氨酯类树脂类、环氧树脂类、聚氨酯类、聚醋酸乙烯酯类、聚酯烯醇缩丁醛类、派拉伦类、有机硅类材料、氟碳类材料等等。其中丙烯酸树脂的应用最为广泛。它是甲基丙烯酸乙酯和甲基丙烯酸甲酯的聚合物，本身透明性极好，对文物没有损害。采用其封护青铜器，操作简单方便，并且它能克服BTA作为金属封护剂时产生的容易升华、老化和化白现象。

近年来，混合纳米颗粒的复合封护材料在国外使用有很多成功的保护实例。随着青铜保护修复技术的发展和国外大量新材料、新方法的不断引进，会有更多更为安全有效、适合我国青铜器保护修复封护剂的研究。青铜文物常用的封护材料见表5-2。

表 5-2：青铜文物常用的封护材料表

类别	材质品种	使用说明
天然封护材料	蜡（微晶石蜡、蜂蜡、虫蜡、巴西棕榈蜡）	凝结力强，疏水性强，成膜细腻有韧性，渗透性强，无毒无害使用方便，适用范围广
	油（鱼油、蓖麻油、亚麻油、羊毛脂）	黏度低、易渗透、无毒无害；硬度不够，防水能力有限，容易滋生微生物
	天然树脂（虫胶漆）	使用方便，适用范围广，成膜性好，耐腐蚀，具有良好的耐水性和耐盐水能力
合成封护材料	硝基清漆类	干燥快，坚硬耐磨，附着力和耐酸碱性能较弱，易老化，可逆性弱
	丙烯酸类树脂（Paraloid 系列）	透明度好，流动性好，耐老化，耐腐蚀，附着力强，可逆性好，浓度高，容易产生炫光
	聚氨酯类树脂	附着力强，漆膜富有弹性，防水耐腐蚀；有毒性，可逆性差
	聚醋酸乙烯酯	化学稳定，黏度小，常温成膜，无腐蚀性，成本低；可逆性较弱，耐水、耐热、耐溶性能差
	聚醋烯醇缩丁醛	附着力强，无腐蚀，具有优良的柔软性、耐寒性、耐冲击性，有较高透明度，耐老化性差
	派拉伦（Parylene 系列）	无色透明，穿透力极强，膜层均匀，耐腐蚀性能优越，耐低温性能好，对水汽和腐蚀气体的渗透性很低，并有较高的电绝缘性能和热稳定性 操作需专用设备，对封护体体积有限制
	氟碳材料	优良的防腐蚀性能，免维护、自清洁，强附着性，超长耐候性，可逆性差，环境污染严重

思考题

  1.青铜器封护材料有哪些？各有何特点？

第四节　矫形

    存世的中国古代青铜器基本以墓葬、窖藏等出土为主，青铜器在埋葬过程中受到外部环境震动、挤压等干扰，产生物理变形的现象非常普遍。因此，青铜器矫形就是通过物理方法，将受到外力干扰而产生变形、破裂的青铜器尽可能地恢复原形的操作过程。矫形是中国传统青铜器修复技术的一个重要步骤，也是青铜文物修复人员必须掌握的一项技术（图 5-18）。

图 5-18　山西春秋晋卿赵氏大墓出土现场

　　国外在青铜器修复中很少采用矫形的方法，对于变形的青铜器物，他们更善于制作外部支架辅助连接，用来支撑和展示。因此，外文资料中对器物的具体整形技术也少有提及。关于古物保存方面的专著 *The Conservation of Antiquities and Works of Art: Treatment, Repair, and Restoration* 一书中简单提及了对被挤压铜器的处理，认为可以通过适当的加热和冷水浸淬来使铜器软化，从器物的主体部分入手，设法恢复它的原形，并将对器物的振动减少到最低。

　　我国青铜器传统修复技术中的矫形技术发展至今，已有一套比较成熟的方法。通用的方法包括捶揲法、模压法、抬压法、加温法、锯解法等。方法虽然不同，但主要还是利用青铜金属残存的物理延展性，通过青铜器变形局部施加捶打、模压、抬压等外力并配合加温，使器物逐渐恢复原位。很多修复师还特意制作了专门用来为青铜器矫形的工具与设备（图 5-19），通过丝杠整形模具从不同角度连续不断地施压、释放与调节，缓慢释放变形应力，直至铜器变形部位尽量复原。不过青铜器变形情况比较复杂，并不是所有变形青铜器都可以接受矫形，也不是所有可以矫形的青铜器都可以完全恢复原形。矫形的恢复程度完全取决于青铜器本身变形程度、青铜合金成分、壁厚以及腐蚀情况等等（图 5-20）。在设计定制与选择购买矫形器械时，需要考虑其灵活变化的单元调节程度，以便适应青铜器丰富多变的器型。

　　不能因为矫形修复而造成青铜器的二次损坏是青铜器矫形修复的原则。有些早期的矫形方法较为"粗暴"，比如锯解法，即使用人工物理分解的手段对青铜器进行"拆解重组"以达到矫形目的。这类方法在实施过程中会对文物造成人为的二次伤害，不仅破坏了文物本身，而且也因"锯解"使得文物在"修复后"也无法获得真正原始的数据信息。这与当今文物保护修复理念与原则相违背，因此必须全面禁止。目前，青铜器矫形主要采用的方法包括：外力捶打法、杠杆撬法、模具挤压法、专用矫形器顶撑法、局部加热法等。

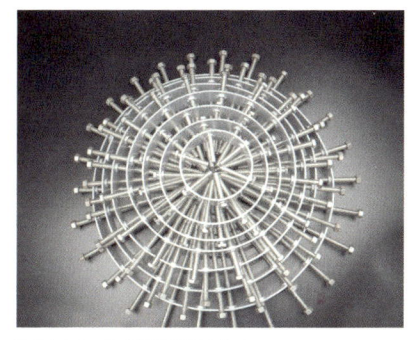

图 5-19 物理矫形器示意图

图 5-20 通过局部加热结合物理矫形，商中期弦纹斝变形的口沿部分基本恢复原状

青铜器矫形操作要求与注意事项：

第一，矫形的方法是要根据器物的变形情况而定。通过分析器物壁厚、弹性、硬度、腐蚀情况，结合器物变形角度、位置，针对每一件器物的特点选择适宜的矫形方法。

第二，矫形材料和方法的选择，一般要配合多种材料、工具的使用，做到软硬结合、施力适中。操作既要满足矫形效果，又要保证青铜文物的安全，合理设置施力点，使得力度分配均匀，不能因用力不均或过猛导致文物被二次损坏。

第三，物理施力矫形过程中，通过适当加温，可以有效地释放青铜器变形部位的内部应力，增强其金属韧性，有利于对青铜器变形的矫正，避免矫形修复时变形部位发生断裂。

第四，矫形时可采用扭力扳手等施力工具，实时监控和记录压力监测记录相关的数据，形成科学有效的矫形方法。

思考题

1. 青铜器有几种矫形方法？

第五节　拼接

青铜器的拼接是将存在裂隙、断裂等病害的青铜器，依据原型进行拼装连接的操作过程，是文物修复师必须掌握的基本功之一，也是影响后期配色、作色效果的最重要工序。

青铜器修复中拼接最重要的是要做到平整、顺畅、牢固、抗老化。平整是指拼接的碎片要平整整齐，任何拼接中的错位与落差都会给后续工序带来加倍的工作量；顺畅是指多块碎片间拼接弧度要自然过渡；牢固是指通过拼接后成型的器物需要具备一定的坚固程度，包括能够承受一定的自重压力以及外界干扰力。抗老化是指修复中使用的拼接材料与工艺有利于提高修复后青铜器的保存寿命与耐用性。青铜器修复过程中的拼接方法主要有钎焊、粘接、铆合接、辅助连接等。

一、钎焊

钎焊，是指低于焊件熔点的钎料和焊件同时加热到钎料熔化温度后，利用液态钎料在母材表面润湿、铺展以及在母材间隙中润湿、毛细流动、填缝，进而实现配件间的连接。钎焊又分为硬钎焊和软钎焊。通常使用熔点不超过 450℃钎料的钎焊被称为软钎焊。软钎焊是我国青铜器传统修复技术中拼接破碎青铜器最古老、最有效的方法之一。

软钎焊作为一种操作技术，必须了解手工低温钎焊的基本知识，只有通过实际训练才能掌握。

（一）可焊范围

不是所有的青铜文物都可以用钎焊实现连接的。通体矿化或严重腐蚀的青铜器由于缺乏金属相的可焊接面，所以并不适合焊接。只有一部分质地良好、具有较好可焊性的青铜器，才能用钎焊连接。

（二）钎焊工具

传统的钎焊工艺使用的工具为火烙铁和 300W 大功率的电烙铁，以及镊子、斜口钳、尖嘴钳、钎料、钎剂等工具和材料。

（三）钎料选择

钎料成分不合规格或杂质超标都会影响钎焊质量，特别某些杂质含量，例如锌、铝、镉等，即使是 0.001% 的含量也会明显影响钎料润湿性和流动性，降低焊接质量。青铜器修复的焊料一般选用纯锡、铅锡合金、锡银合金等，其中锡铅占比分别为 62% 和 38% 的钎料配方具有熔点低、常温下凝固快、有一定焊接强度的优点。

（四）钎剂选择

钎剂，又称为助焊剂，是钎焊时使用的熔剂，钎剂的作用是能去除母材及钎料表面的氧化物，保护母材和钎料。在加热过程中减少氧化，改善钎料对母材的润湿能力，能有效地溶解或破坏焊件和钎料表面的氧化膜。焊接不同的材料要选用不同的焊剂，即使是同种材料，当采用不同焊接工艺时也往往要用不同的焊剂。

（五）焊口设计

制作优质焊口是保障钎焊青铜器质量的重要因素。焊口选择的位置尽量避开铭文、纹饰等重要部位，焊口的形状、深度、宽度则根据被焊接青铜器的薄厚、断口金属性、纹饰位置、受力程度等因素来确定。

（六）钎焊的优缺点

钎焊的优点是设备简单，操作方便，抗拉力和剪力效果明显，但钎焊工艺操作的本身也存在以下缺点。

1. 无论是火烙铁还是电烙铁，在焊接时峰值温度都可以达到300℃以上，高温会使焊缝周边区域的青铜器表面氧化层产生变化，含有碱式碳酸铜的绿色氧化层会迅速变深甚至变黑，生成黑色氧化铜固体，造成不可逆的影响。比如传统钎焊拼接的西周青铜甗（图5-21）。

2. 传统青铜器钎焊修复使用的钎剂多为氯化锌溶液。氯化锌溶液是通过盐酸加锌反应生成。氯化锌钎剂中含有氯化物，焊接后无法彻底清除的氯化锌残留物，会对青铜器表面造成污染，还会对器物造成腐蚀以及诱发病害的隐患。上海博物馆文物保护科技中心曾与上海交通大学研制了一种新型无氯钎剂和含银钎料匹配进行青铜器修复。新型无氯钎剂、钎料有良好的工艺性、抗腐蚀性，并可获得高强度的钎缝。例如采用新型无氯钎剂、钎料修复的战国青铜镜，焊缝处钎料数年后依然无明显氧化痕迹（图5-22）。

图5-21　采用传统软钎焊方法焊接连接的西周青铜甗的碎片

图5-22　采用新型无氯钎剂和含银钎料焊接连接的战国铜镜

3. 钎焊是利用液态钎料填充母材间隙而实现零件间的连接的，因此在焊接操作时必须暴露母材的基体，也就是必须将待焊接青铜器的断面完全打磨清理，制作焊口。打磨器物焊接面是对青铜器物不可逆的耗损行为，打磨消耗程度会随着创口面金属性程度不足而扩大。况且焊接法拼接的青铜器并非一劳永逸，年久老化后仍然会出现脱焊，每一次重新焊接必须再次打磨。多次反复焊接、打磨将会对文物造成不可逆的损坏。

由此可见，钎焊这个古老的修复技艺对于青铜器的保存实际存在诸多隐患，在实际修复应用中应逐渐被改良或取代，但作为"青铜器修复及复制技艺"这项非物质文化遗产项目中的传统技艺，钎焊将在青铜器的复制技艺中得以体现。

二、粘接

粘接是目前器物类文物修复中应用最普遍的方法。粘接的主要形式有两种：非结构型和结构型。非结构型粘接主要是指表面粘涂、密封和功能性粘接；而结构型粘接是指将结构单元用黏结剂牢固地固定在一起的粘接现象。其中所用的结构黏结剂及其粘接点必须能传递结构应力，在设计范围内不影响其结构的完整性及对环境的适用性（图5-23）。

对破碎青铜器的修复一般也是以结构型粘接形式为主。早期粘接材料主要使用天然或合成的黏结剂，由于强度、固化速度、抗老化性都没有达到预期的要求，因此粘接一般是作为钎焊的辅助方法。随着粘接材料的性能不断优化、抗老化程度不断提高、可逆性增强，越来越多的环氧树脂、硝基纤维素、氰基丙烯酸酯胶、丙烯酸树脂、爱牢达（Araldite）系列等现代粘接材料在青铜器修复中得以应用并发挥优势，逐渐取代了传统的钎焊方法。

三、锔合接

锔合是指采用钻孔配合铜、铁等不同材质的两头呈钩形的锔钉，连合固定开裂和破碎的器物的一种修复方法。

锔合技术最早产生于何时已难考证，但在新石器时代的玉器和陶器上就有钻孔连接的痕迹。《玉篇》[1]释云："锔……以铁缚物。"锔的方法是：先将金属条两头敲尖，弯曲成钉脚，做成锔钉，再用来钩合物件，使其成为一个牢固的整体。锔合工艺在古代广泛运用于器物制作、建筑、造船等多种行业（图5-24）。

---

[1] 《玉篇》，中国古代一部按汉字形体分部编排的字书，南朝梁大同九年（543）黄门侍郎兼太学博士顾野王撰。

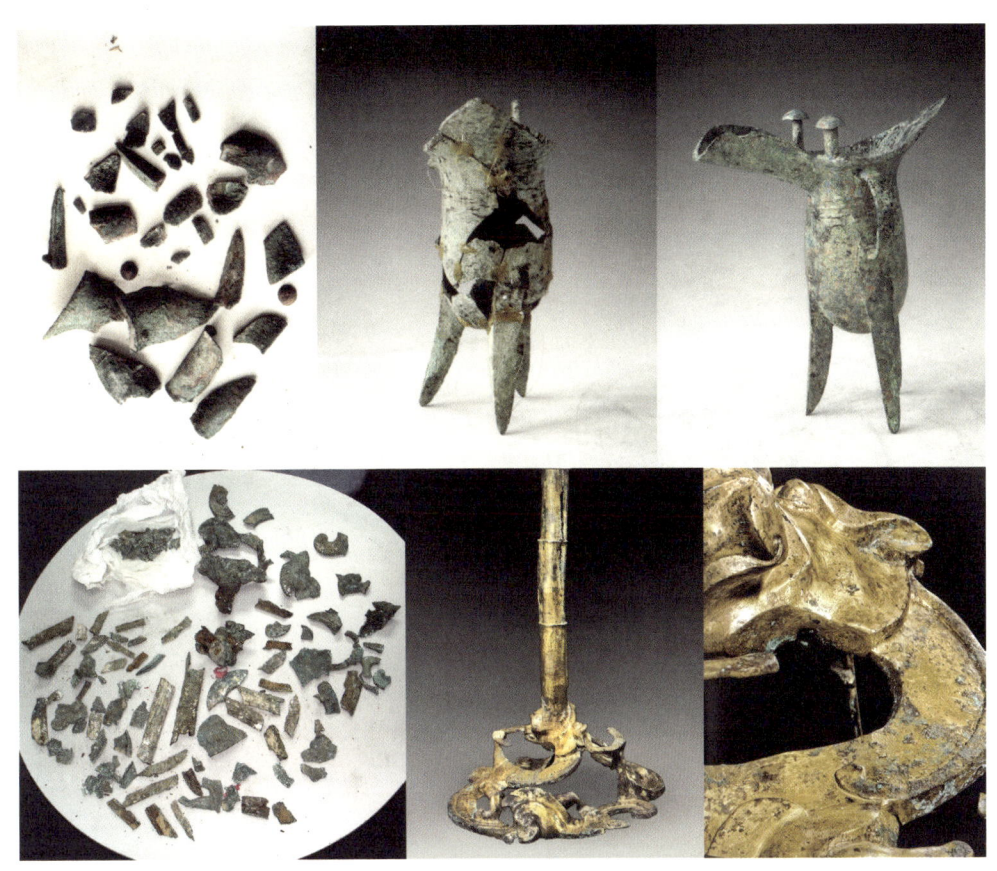

图 5-23　采用粘接方法修复青铜器

四、辅助连接

辅助连接是一种完全不对青铜器主体进行"修复干扰"的复原形式，不用粘接和焊接，仅借助于特制的外部设施与结构支撑和还原文物原来的面貌。上海博物馆收藏的一件上海青浦出土的春秋晚期镶嵌棘刺纹尊，出土时圈足残缺。修复者并没有采用传统完美型修复方法，而是手工制作了与残缺部分完全吻合的木质圈足加以支撑展示。而另一件甬部残缺的春秋变形兽面纹钲也在没有依据不盲目复原的原则下，采用外部支撑展示的方式，将修复对文物的干预性降到最低（图 5-25）。这种辅助连接的方法在西方国家的一些收藏机构应用比较普遍，一般是按照器物的形状制作展示台和支架，将破碎器物拼接后通过支架固定拼接起来，器物碎片间不用任何黏结剂，有些仅将碎片用一些透明胶带连接（图 5-26）。

图 5-24 采用铜钉铆接修复的清代铜制花钱与唐代平螺钿背円镜

图 5-25 辅助连接的修复方式

图 5-26 在不使用任何黏结剂的情况下，通过外部环状框架固定破碎为四片的战国三山铜镜

辅助连接的修复方式是对文物主体的干预性最小，更完整地保留文物原始信息、原有的时代修复痕迹，无损可拆卸的装配方式，达到最大程度的可逆性，轻松还原器物原貌。补缺部分与原件的可辨识性，既还原了器物原本的形制与功能要求，又保留了文物现状，为文物修复意义的推广与普及提供了有力的案例。

在实际修复中，由于器物病害的复杂性，修复者采用的方法往往是灵活的，修复师在遵循修复青铜器规律的同时根据需要可采用多种粘接加固结合的方法。这些也是我国传统青铜器修复技术具备灵活性的体现。

思考题

1. 请列出青铜器拼接的方法及各自的优缺点。

第六节　补配

青铜器的补配是根据残缺部位病害情况，采用不同的材料和方法，对青铜器的残缺部分进行修补搭配，以恢复器物完整性的操作过程，同时也是复原缺损文物的重要工序。补缺要在掌握了充足的配缺依据的前提下进行，不可为了追求器物的完美而盲目地臆造配缺，以免违背文物修复的基本原则。

上海博物馆收藏的山西浑源李峪村出土青铜牺尊（图5-27），入藏时残缺了尾部与盖。目前在没有充足的配缺依据的前提下，馆方对之暂不修复，保持残缺的原状，为后期研究工作保留原始的资料。

国内外青铜器配缺技术方法与补配材料大同小异。国外常用的补配材料主要有石膏、蜡、丙烯酸树脂、环氧树脂，以及多种低温合金等等。

图5-27　上海博物馆藏春秋牺尊（失尾）

根据器物种类、形状、壁厚、残缺部位的不同情况，我国目前青铜器修复的配补技术主要有旧铜补配、铸造补配、铜材捶揲錾刻补配、代用材料补配、三维打印补配和数控机床加工等工艺。

一、旧铜补配

旧铜补配是传统青铜器修复中最早使用的补缺方法之一。它多半是利用破损旧铜器的残片进行切割，用来修复补缺有价值的青铜器。利用旧铜补配的器物基体成分与氧化物锈色浑然一体，即便科技检测也很难分辨残缺。但"旧铜"本身是不可再生资源，"以旧补旧"的方法实则是对文物的破坏。图5-28为利用素面青铜器盖结合铸造补配纹饰，用作失盖的西周窃曲纹簋的补配器盖。传统古玩行业为了获利，不择手段，常常将价值低的残件或素器进行切割分解，用来补配和拼凑修复价值高的三代青铜器（图5-29）。宋代素铜镜往往会被人为切割用来补配其他文物。

二、铸造补配

铸造补配是指通过刻纹、翻模等制作环节，并结合铸造工艺，铸成金属补配件用来修复缺损的器物部位的一种工艺。"铸配"可以根据实际情况，采用和器物相同或不同的合金配比，以达到配缺修复的最佳效果。图为采用相同配比的青铜合金通过失蜡法铸造补缺的西周晋侯盨与西周垂鳞纹盘（图5-30）。铸造补配技术难度大，修复周期较长，对文物修复师技术要求比较高（图5-31）。

图5-28　利用其他素器盖补配失盖的西周窃曲纹簋

图5-29　被人为切割的宋代铜镜

图5-30　运用失蜡法铸造补配修复的大面积缺损的青铜器

三、铜材捶揲錾刻补配

铜材捶揲錾刻补配法是利用铜材的可塑性、延展性，通过捶打的方法将铜材打制成补配件，再运用錾刻法雕刻纹饰后进行补配修复的方法。使用的工具和材料主要有手锤、圆锤、铁剪刀、喷灯、电磨机、锉刀、铜皮等。这些设备简单，容易上手，但对于修复师的捶打与錾刻的技术要求较高（图5-32）。

图5-31 通过失蜡法铸造获得的补配件精准度高，纹饰衔接自然流畅

图5-32 运用加热捶打铜皮的技术补配修复的商晚期青铜甗

四、代用材料补配

代用材料补配是利用其他非青铜材质进行补缺，这些材料包括石膏、环氧树脂、贵重金属以及合金材料等。随着现代科学文物保护修复理念的普及，文物修复材料和方法的可逆性逐渐成为文物修复的原则性条件。替代材料本身具有良好的稳定性和可逆性，可以随时调整，是现代文物保护修复的要求（图5-33）。修复者通过环氧树脂粘接修复吴中地区出土的春秋交龙纹缶，器物缺损部分同样采用树脂制作，保证了修复后的器物具有足够的强度与良好的可逆性。

五、三维打印补配

三维打印补缺是现代增材制造技术在文物修复上的应用。三维打印，也称作快速成型技术（Rapid prototype），它是基于材料累加原理的快速成型方法，是将数据化的三维模型通过分层添加材料来创造出实物的一种叠层制造技术。20世纪80年代后期，三维打印机的横空出世，开启了增材制造新时代。随着三维打印技术与材料的不断发展与普及，从文物信息的采集到文物实体的修复复制，从文物三维数据库的建立到文物仿真衍生品的制作，越来越多的博物馆和文物修复师尝试将三维打印技术融入传统的文物修复与复制中去。三维扫描的非接触式采集文物信息的特点，杜绝了传统接触式采集复制文物信息带来的二次损害风险。三维打印输出的同时也将修复过程与步骤进行了数字化记录与储存，为日后的研究工作提供了准确的数据。随着三维打印精度与效率不断提升、打印材料不断推陈出新，三维打印早已从单一输出树脂材料发展为多材质复合输出的方式，其中以金属增材为主的金属三维打印技术的应用，使得传统青铜文物修复技艺得到了更为科学有效的发展（图5-34）。

图5-33　采用环氧树脂粘接修复吴中地区出土的春秋交龙纹缶

在补配修复青铜器的过程中，文物修复师往往会通过复制器物上现存的对称造型或重复纹饰来补配其缺失部位。这一复制过程会使用到各种翻模方法。

随着材料与技术的革新，青铜文物翻模可选择的材料很多。模型材料根据物理性质，一般分为刚性模具和柔性模具。刚性模具主要有石膏模具、翻砂模具，柔性模具主要有热塑模具、硅橡胶模具。不同材质的模具在使用方法和应用范围上都有各自优缺点。在确保文物安全的前提下，选择合适有效的方法是文物修复师必须掌握的能力。

随着文物保护与环保意识的不断增强，翻模方法也逐渐由传统的接触式翻模向更为安全的非接触式的方式发展。具体的翻模材料与方法，在第二部分"青铜器复制"中有详细阐述。

思考题

1. 青铜器补配有哪些操作方法？各有何特色？

第七节　着色

青铜器的着色是指为了满足展陈或出版的需要，使青铜器断裂、残缺等修复部位的表面与原藏品达到色彩、质感的协调，而采用的化学与手工颜料着色的操作过程。它包含作色与做旧两个部分。着色是中国传统青铜器修复及复制后期最重要的一项工艺环节，也是传统完美型修复中必不可少的一项工艺。它要求操作者熟练掌握丰富

图5-34　三维打印模型通过人工作色后达到理想的复制效果

的化学着色经验，以及颜料的色彩与肌理制作技巧，对前期拼接、补配的部位加以色彩与肌理修饰，使修补处与原器浑然一体，不露破绽。明清文献中有不少专门记录青铜器着色的方法。

"其伪制法：铸出，剔摩光净，或以刀刻纹理缺处，方用井花水调泥矾，浸一伏时，取起烘热，再浸再烘，三度为止，名作脚色。候干，以硇砂、胆矾、寒水石、硼砂、金丝矾各为末，以青盐水化净，笔蘸刷三两度，候一二日洗去，干又洗之。全在调停颜色，水洗功夫，须三五度方定。次掘一地坑，以炭火烧红令遍，将醅醋泼下坑中，放铜器入内，

仍以醋糟罨之，加土覆实。窖藏三日取看，即生各色古斑，用蜡擦之。要色深者，用竹叶烧烟熏之。其点缀颜色，有寒温二法，均用明乳香，令人口嚼涩味去尽，方配白蜡熔和。其色青，以石青投入蜡内。绿用四支绿，红用朱砂。温用蜡多，寒则乳蜡相半，以此调成，作点缀凸起颜色。其堆叠用卤锈针砂，其水银色以水银砂锡涂抹鼎彝边角上，以法蜡颜色罩盖，隐露些少，以愚隶家。用手揩摩，则香腥触鼻，洗不可脱。或做成入卤咸地内埋藏一二年者，似有古意。"[2]

"铸成后先以水银和法药薰染入骨，复以赤金制铄成泥，涂之，炽火炙逼，沁入炉身。其赤金色自浅淡至深浓，次第薰染十有余次，然后金光灼目，宝色腾眸，所费不赀，岂民间单冶野铸所能仿佛其万一哉。凡宣炉，本色有三种：流金仙桃色，一也；秋葵花色，二也；栗壳色，三也。而仙桃色为最，秋葵花色次之，栗壳色则又次之耳。"[3]

在传统的修复青铜器的工序中，修复者对铸造配缺的青铜配件都会采用化学着色，着色过程大致可归纳为两个步骤。

第一步，咬旧。咬旧就是先化学生成青铜器最基础的氧化层。根据不同需求，生成采用不同的方法。一般采用铁容器配制硫化钠（$Na_2S \cdot 9H_2O$）混水溶液，加热煮沸后，将预处理好的青铜器浸没入溶液，加热20分钟。这时金属光泽的青铜器表面会呈现黑色，再放入清水中浸泡。使用硫化钾浸泡也能去除青铜器金属光泽，呈现黑色氧化层。然后用棕刷刷掉器上的浮黑，如此反复多次，直到黑亮为止。最后再浸泡入酒精调配的硫酸铜（$CuSO_4 \cdot 5H_2O$）与氯化氨（NH_4Cl）溶液24小时，反复数次浸泡晾干，使得青铜器铸件表面呈现旧黄绿色。

第二步，作锈。将硝酸（HNO_3）调和细铜末制成的"铜泥"，蘸以氯化氨、硫酸铜、食盐等粗颗粒粉末，堆涂在器上需要做锈的位置，使其与青铜发生自然腐蚀反应；再将铸件埋于封闭的泥土之中，增加湿度，使其自然生成蓝、绿、红、土锈。

古代化学着色的方法有很多，但大多采用强酸强碱，甚至中药材浸泡与颜料作旧相结合。操作者的着色配方和步骤，往往是决定一件完美型修复作品的成败之举。但是，对现代文保理念而言，着色又是最具争议的步骤。随着修复目的的改变，青铜文物修复传统工艺中的着色作锈的要求也发生了改变。现代文物保护修复理念提出修复应该对文物最小干预，以及尽可能做到修复可辨识性，在保证文物结构稳定的基础上，尽可能地不去添加人为的修补痕迹，尽可能多地保留原件及原有结构位置。修补部位所达到的效果，应该做到"远看一致、近观有别"，要区分出原物与修补部分的区别，又不能因为这种区别反差过大而破坏整体艺术品的观赏性和完整性。这样既满足了陈列的需要，也便于日后的研究。

---

[2] 高濂：《遵生八笺》卷十一《论新铸伪造》，王大淳点校，浙江古籍出版社，2015，第600—601页。
[3] 明项元汴《宣炉博论》原为《宣德鼎彝谱》跋文，近两千字。

现今青铜器修复着色的技法和材料五花八门，无论是传统方法作色还是现代科技修复，在着色这个工序上主要可以归纳为化学着色与颜料作色。

一、化学着色

化学着色是通过着色化合物的作用，使金属表面形成氧化层或其他化合物膜层的一种方法。铜合金化学着色法属于金属表面处理行业领域。当采用铸造补配、铜材捶揲錾刻等方法进行青铜器补配时，对于崭新的金属补配部分，都会先使用化学方法着色，通过不同化学品配比以及操作，加速金属补配件的腐蚀，使金属部分生成与原器物相同或接近的基底氧化层，也就是俗称的"皮壳"。化学着色具有颜色生成自然、层次丰富、牢度持久等优点。铜合金是所有金属中着色色彩最为丰富的金属（图5-35）。

图5-35 采用两种不同的化学着色配方浸泡制作的商晚期猪卣复制品

青铜器"皮壳"的颜色极其丰富，要模拟出和原器物氧化层最接近的颜色，化学配方和方法要随情况而变化。在着色之前必须注意几点：第一，要明确补配件的金属成分与配比，不同成分和配比会产生截然不同的颜色效果，应根据材质调整相应的作色配方；第二，要重点注意青铜补配件表面的光洁程度，这直接影响到着色后颜色的均匀自然程度；第三，要注意着色化合物的浓度精确配比以及温度的把握，这也是影响着色效果的重要因素。

铜合金化学着色大致分为冷着色法和热着色法。具体的化学着色的配方与方法将在第六章"青铜器复制方法与基本流程"做详细阐述。

无论何种化学方法，在着色过程中都会使用到不同程度的腐蚀性化学品，以及一部分含有氯化物的配方，后期配件上的化学残留物会增加给原青铜器带来病害的风险。

二、颜料作色

颜料作色是指运用颜料、添加剂和其他工具，手工在修复部位模拟出青铜器表面氧化层与附着物色彩与质感的方法。颜料作色具有环保、可逆性强、色彩丰富、便于操作与细节控制等优点，特别是很好地满足了现代文物保护修复理念中的修复可逆性与可辨识性等原则，是目前修复着色最主要的方法。

（一）色彩

青铜器表面作色作旧的主要材料是采用天然稳定无害的矿物质、水溶性丙烯酸类颜料等，配以相应的调和剂与稀释剂。矿物质颜料有朱砂、石青、石绿、群青、松烟、石黄、金粉、银朱、赭石、熟褐等30余种基色。调和剂大多采用天然虫胶漆、丙烯酸漆料以及各种水溶性环保调和剂。

虫胶漆是寄生于热带植物上的雌性紫胶虫所分泌出的天然树脂材料，其化学成分为光酮酸为主的羟基脂肪酸和紫胶酸为主的羟基脂环酸与其脂的复杂混合物。虫胶漆具有优良的硬度和光泽、附着力强、抗紫外线、无毒、配制容易、成膜快以及成本低的特点。"北京造"古铜张派第三代传人张文普、王德山将家具制作过程中榆木擦漆的虫胶液最先引用到青铜器的修复之中，利用虫胶液较好的透明性，作为修复剂与调色剂使用。其与金属附着接触后，色泽有所加深，更给青铜器增添了几分古朴的历史气息，迎合了当时的古典审美。由此，虫胶漆成为当时青铜器修复颜料作色中使用最为广泛的醇溶调色清漆。而现代新型无色丙烯酸漆料以及各类水溶性环保漆以其优越的强度、吸附力等使用性能以及抗老化性能逐渐取代了传统虫胶液。

青铜器表面氧化层色彩斑斓，层次分明，故作色前首先要确定各种颜色之间的关系，以青铜器氧化层生成的原理和层次为依据，从最底层做起，根据氧化层的颜色自下而上依次作色。色彩明度上由浅入深，色彩纯度上由鲜艳到沉稳，笔触上由粗到细，布局上由总体到局部。要灵活运用不同形状与软硬的毛笔，利用笔触的粗、细、硬、软、重以及笔触的不同排列，结合绘画中的涂、喷、画、抹、点、弹等技法将氧化层做到自然融合。

作色技法与效果体现了修复师对色彩的敏感度、材料调配能力与对青铜器锈层肌理的理解，这需要通过长期训练与修复经验的累积（图5-36）。

图 5-36　通过手工在补配部位进行颜料作色的商晚期兽面纹斝

（二）质感

质感是物体表面的质地作用于人的视觉而产生的心理反应，即表面质地在视觉上的直观感受。质感的体验来自触觉，但视觉和触觉的长期协调实践，使人们常常仅凭借视觉对物体肌理的观察也可以感受到质地。肌理是物体表面的纹理，肌理与颜色组成了物体的视觉质感。通过不同的材料与方法来模拟青铜器的视觉质感是青铜器作色的关键。

模拟青铜器表面质感的方法有以下几种。

1. 喷绘法

喷绘法是以喷笔等喷绘工具为主的绘制方法。由于喷绘工具绘制的色彩细腻、均匀，适用于模仿表面肌理平整、色彩均匀、光泽度高的青铜器氧化层。喷绘可以配合遮挡方法，获得清晰的细节边缘，也可以结合绘画勾线，使线条融合更自然。喷绘作色效果的优劣取决于使用者对喷笔的掌握熟练程度。

2. 弹拨法

弹拨法主要工具是金属网、牙刷或油画笔，通过笔刷在金属网上的弹拨，将调配的色料弹于修复作色部位。不同软硬的笔刷可以产生不同粗细的色料点，通过反复堆积和叠压可以形成自然的色阶与质感过渡。

3. 拓印法

拓印法是将纹理纸、海绵、布、木材等各种表面有凹凸肌理的材料，敷上色料之后，反复按压修复作色部位，自然的纹理经拓印与叠加，可以形成自然的薄锈肌理，也可以化解大面积底色过于单一的现象。

4. 敲击法

模拟青铜器表面腐蚀产生的不规则凹坑，需要借助一定的外力。寻找与凹陷肌理相同的小块石材、金属等，在修复作色部位敲打、压挤出凹凸效果来，由此而产生一种立体的效果。这个方法比较适合代用材料补配法的后期作色。

5. 点泥法

点泥法源自"北京造"古铜张派第三代传人王德山，即笔蘸取泥浆点在不作锈的部位起到遮盖作用。等到泥浆干透后，依照器物各锈层间的叠压关系以及所要表现的锈层色彩，采用崩、弹、点的方法施加颜色。待色彩干透后，用牙刷洗掉黄泥，露出的就是要保留的形成层次的锈层。如此反复多次，就可以将从下到上多种层次关系的锈蚀自然地表现出来。

6. 堆积法

采用堆砌的方法模拟厚实的锈层。按青铜器锈蚀层颗粒的形态、大小和粗细准备各种材质的粉末（如赤铁粉、铜粉、硫酸铜粉末、滑石粉以及各种目数的沙子等），采用弱酸调和粉末和细沙，按需求堆叠在作锈部位，促使其自然腐蚀，而生成的牢固自然的锈层。

7. 移植法

移植法是早期青铜器作伪中经常使用的作锈方法。将一些真铜器残片上取下来的锈体，细心拼贴在修复作锈的部位。这样的移植拼贴再配合堆积作锈法，效果自然逼真。

色彩与质地的模拟方法其实并没有什么定式，根据实际修复情况，灵活运用各种安全材料，跨界借鉴有效方法，不断地尝试，在作色经验的累积中不断提高与完善技艺，才能为青铜器修复的最后一个步骤画上完美句号。

（三）可辨识

随着西方现代文物修复理念的普及，文物修复的可识别性原则已是体现文物真实性与遵守文保职业道德规范的重要准则之一。但由于中西方的文化差异，青铜文物的修复可辨识共识仍未形成。经过多年磨合与探索，国内文博界也总结了一些兼顾展陈观赏性与研究可辨识性的方法。

"内外有别"是国内文博界普遍采取的可辨识修复方法之一。作色时，将文物展示的部分做到颜色与质感的浑然一体，看不出破绽。而观众不易看到的器物内部，则可采用基础着色或不着色的方法，为收藏机构与后期研究者提供直观的修复情况。

"荧光显色"是在修复材料（颜料、黏结剂）里添加无色荧光物质。作色后在普通光源下看显色自然、质感统一，符合美学整体性的审美。当使用简便的紫外灯源照射时，修复部分便可立刻显现肉眼可识别的荧光效应，修复部分与原件得以明显区分。这样兼顾了我国传统文化的审美趣味，又符合当代西方文物修复可识别的要求。

思考题

1. 青铜器着色处理有哪些操作方法？

拓展阅读

[1]《科技考古学》，陈铁梅，北京大学出版社，2008

[2]《中国文物保护与修复技术》，中国文化遗产研究院，科学出版社，2009

[3]《中国文物分析鉴别与科学分析》，马清林，科学出版社，2001

[4]《文物科学技术成果应用指南》，国家文物局博物馆司，1981—1999

[5] L.Robbiola,J.M.Blengino&C.Fiaud.*Morphology and Mechanisms of For-mation of Natural Patinason Archaeological Cu-SnAlloys.Corrosion Science*.1998

[6]《艺术品中的铜和青铜——腐蚀产物，颜料，保护》，大卫·斯考特，马清林、潘路等译，科学出版社，2009

第六章
青铜器复制方法与基本流程

第一节　青铜器复制的方法

青铜器复制有很多方法，不同的方法有着不同的时代背景与需求。随着时代的发展与科技的进步，有些方法被取代，有些被改进并沿用至今，甚至有些吸收了更新的方法。其中最主要的成型方法就是铸造成型。

一、泥型铸造

泥型铸造是一种从古代陶范铸造演变而来的传统铸造技术。其特点是以泥料混合物为造型材料，这种造型材料具有良好的可塑性、可雕性、复印性以及高温综合性能，并且可以被多次使用。所铸物件纹饰清晰、表面光洁；工匠可在泥型上直接雕刻文字或花纹，很适合单件艺术品的制作。但是，泥型铸造制作周期长，技巧要求高。这种传统工艺，如今仍在钟、塔、香炉等法器以及铸锅、浴缸等日用品中被广泛应用。周原博物馆青铜范铸工艺研究所（陕西省文物保护研究院周原青铜范铸实验基地）采用传统泥范铸造法还原古代铸镜工艺（图6-1）。流行于山西省大同市浑源县神溪村一带干模法铸钟工艺是山西传统铸造技术的代表，被列入山西省级非物质文化遗产名录，是目前发现的保存最为完整的铸钟工艺（图6-2）。

二、翻砂铸造

翻砂铸造是指用黏土粘接砂作造型材料生产铸件，是历史悠久的工艺方法，也是应用范围最广的工艺方法。在各种化学粘接砂蓬勃发展的今天，黏土湿型砂仍是最重要的造型材料，其适用范围之广，耗用量之大，是任何其他造型材料都不能比拟的。

砂型铸造时，首先将下半型放在平板上，放砂箱填型砂紧实刮平。下半型造完，将造好的砂型翻转180°，放上半型，撒分型剂，放上砂箱，填型砂并紧实、刮平，将上砂箱翻转180°，分别取出上、下半型，再将上型翻转180°和下型合好，将熔化的金属浇灌入铸型空腔中，冷却凝固后而获得铸件。这套工艺俗称"翻砂"（图6-3）。

三、熔模铸造

熔模铸造，亦称为失蜡法铸造，是制作中小型青铜复制品的主要工艺方法，具有铸品精致、纹饰清晰、工艺灵活、适应性强等特点。采用一次性可熔失的蜡质材料作模型可以制成非常复杂的器型。由于采用热型浇注,薄至 0.5mm 以下的纤细图案均可铸出。熔模铸造方法既适合于工业规模的批量生产,又可单件创作。由于工艺不难掌握,设备可因陋就简,小型工厂、作坊均可为之。文物修复师也可亲自操作,将器物残缺部分进行青铜铸件配补。

图 6-1　泥范铸造铜镜

图 6-2　采用干模法铸造大型铸件

现代熔模铸造方法源自我国先秦时期的失蜡铸造，从青铜器物的制作到如今成为生产机器零件的重要手段。虽然铸造工艺和材料经历了巨大变革，技术水平大大提高，但如今青铜复制品铸造仍基本沿用此法，足见两千多年前的青铜铸造技艺已经达到技术与艺术的完美（图6-4）。熔模铸造流程在本章第二节具体介绍。

图6-3 采用翻砂法铸造铜炉

图6-4 运用失蜡法铸造的铜币与镂空铜制品

四、快速成型法

（一）三维打印技术

三维打印技术主要由负责立体数据采集的三维扫描技术与负责数据输出的三维打印技术两部分组成。

三维扫描精度可以达到0.01mm甚至更高，它能够迅速捕捉并记录青铜器的体貌特征、纹饰细节和结构信息，并将各类数据归纳整合，形成一套完整的数字模型。这在文物的资料保存、数据检索、状况监测、虚拟展示、保护与修复等方面意义非凡，特别是对文物的复制起到了极大的积极作用。

传统的立体文物复制工艺通常都会对文物进行翻模处理。但这种接触式翻模方法存在两大弊端：1.翻模过程接触文物表面，存在安全隐患以及翻模材料残留物问题。利用三维扫描的非接触式采集文物信息，自动获取数据的特点，能杜绝传统接触式复制文物信息而带来的二次损害风险。2.根据青铜器腐蚀、变形和破损等病害情况，翻模形成的复制品并不能完全反映出文物的原貌，无法发挥文物价值传递的功用。采用三维扫描生成的数字模型可以直接通过建模软件进行数字化修复，使其以数字化状态达到输出精度和要求，降低了成本（图6-5）。

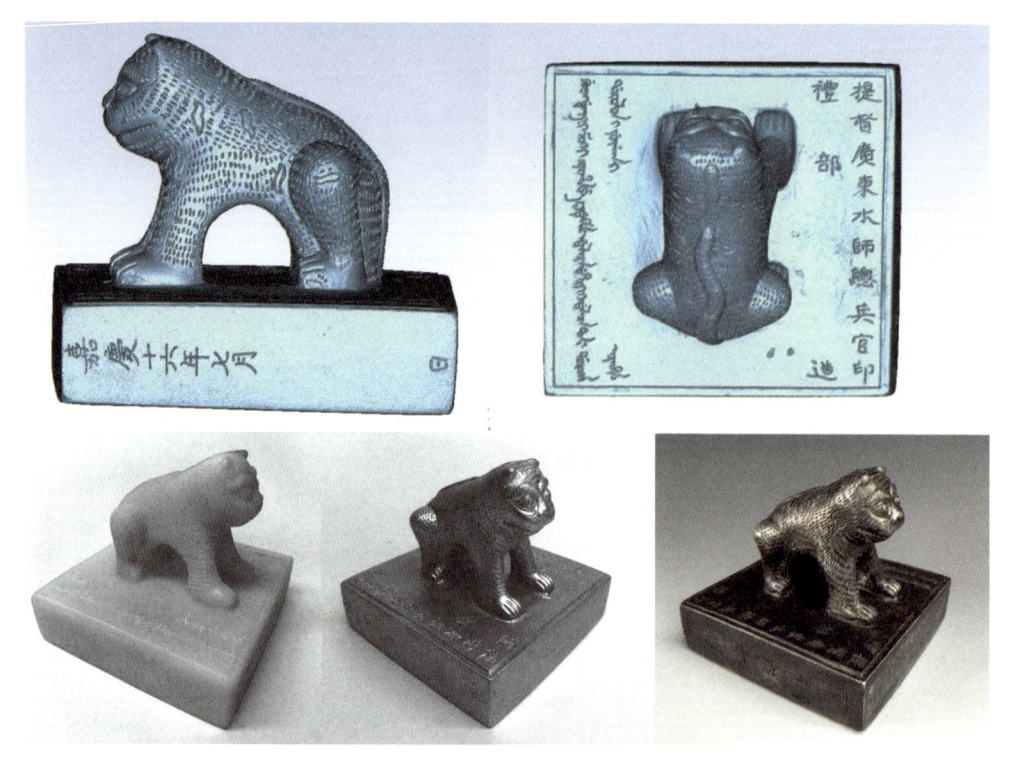

图6-5 三维扫描在文物复制中的应用

三维打印是基于材料累加原理的快速成型方法，是将数据化的三维模型通过分层添加材料来创造出实物的一种叠层制造技术。三维打印在文物复制应用的同时也将复制过程与步骤进行了数字化记录与储存，为日后研究工作提供了准确的数据。

随着三维打印精度与效率不断提升、打印材料不断推陈出新，早已从单一输出树脂材料发展为多材质复合输出的方式，其中以金属增材为主的金属三维打印技术发展迅速，为金属文物修复与复制开辟了新的途径。

金属三维打印技术成型工艺最为丰富，目前主要分为两大阵营：直接金属三维打印和间接金属三维打印。其中，直接金属三维打印技术主要是采用激光、电子束或等离子，作为输入热源来直接烧结或者熔化金属粉末或其混合物进行逐层叠加打印制品。共同技术特点就是打印与熔化一体，同时获得产品形状与性能。而间接金属三维打印是通过打印黏结剂与金属粉末的生坯件，通过烧结得到金属件（图6-6）。三维打印技术的对比见表6-1。

图6-6　金属三维打印

表6-1：三维打印技术的对比

打印方式	熔融沉积成型	光固化成型			选择性激光烧结成型	多射流熔融
具体类型名称	FDM	DLP	SLA	LCD	SLS/SLM	MJF
打印成型速度	慢	快	慢	快	慢	快
成型方式	点成型	面成型	点成型	面成型	点成型	面成型
打印精度	较低	较高			较高	较高
操作复杂程度	简单	较复杂			较简单	较简单
整机价格	便宜	昂贵	较高	便宜	昂贵	较高
主要部件寿命	长	长	长	较短	长	长
可用材料	热塑性高分子材料，例如PLA、ABS、PETG、PC等材料，需要防潮储存	光敏树脂（包括刚性、韧性、水洗、透明、柔性、红蜡等），需避光储存			粉末型可熔融材料，种类多，除高分子材料外还可加工金属和陶瓷	粉末型可熔融材料，种类多，除聚丙烯等高分子材料外还可加工金属

表 6-1: 三维打印技术的对比（续）

打印方式	熔融沉积成型	光固化成型			选择性激光烧结成型	多射流熔融
耗材价格	较低	较高	较高	较高	视材料而定	视材料而定
材料利用率	较高	较低，浪费比较严重			较高	较高
产品表面质感	表面层纹	表面光滑，细节丰富			表面粗糙	光洁度高
产品机械性能	较好	较差			较好	较好
支撑	需要支撑	需要支撑			无需支撑	无需支撑
优点	（1）FDM 是生产定制热塑性零件和原型的最具成本效益的方式（2）由于该技术的高可用性，FDM 的交货期很短（3）有多种热塑性材料可供选择，适用原型设计和某些非商业功能应用（4）即打即用，工作时无污染	（1）没有移动光束，打印振动偏差小（2）没有活动喷头，完全没有材料阻塞问题（3）没有加热部件，提高了电气安全性（4）打印准备时间短，节省能源（5）高分辨率，高可靠性，固化速率高（在405nm 光效率高）（6）低成本	（1）SLA 可以打印尺寸精度很高且细节复杂的零件（2）SLA 零件具有非常光滑的表面光洁度，使其成为视觉原型的理想选择（3）可以使用特殊的SLA 材料，例如透明、柔性和可浇铸的树脂	（1）精度高，一般采用分辨率为4K甚至8K 的透明屏幕，可以轻松达到100μm 的精度，技术上优于SLA 技术（2）价格便宜，LCD 采用的是开源技术，在设备上的元器件整体要比SLA 和 DLP 便宜很多（3）上手简单，易于维护（4）耗材通用，液晶屏使用 405mm 紫外光（5）打印速度快。LCD 和DLP 都是表面成型	（1）SLS 零件具有良好的各向同性机械性能，使其成为功能零件和原型的理想选择（2）SLS 不需要任何支撑，可以轻松生产具有复杂几何形状的设计。（3）SLS 的成品没有层纹，零件具有较高机械性能（4）金属三维打印工艺可用于制造传统制造方法无法生产的复杂形状的定制零件（5）可以对金属三维打印的件进行拓扑优化，使其性能最大化，同时将其重量和装配中的零件总数最小化（6）金属三维打印零件具有出色的物理性能，可用的材料范围包括难以加工的其他材料，例如金属超级合金	（1）该工艺能够简化工作流程并降低成本，实现快速成型，以突破性的经济效益实现零部件制造（2）降低了使用门槛，并支持各行业新应用的开放式材料与软件创新平台（3）MJF 三维打印能够按需生产具有近各向同性特性的最终用途部件，产品的性能一致性较好（4）对小批量订单打印速度快，综合成本具备竞争力

表 6-1: 三维打印技术的对比（续）

打印方式	熔融沉积成型	光固化成型			选择性激光烧结成型	多射流熔融
缺点	（1）与其他三维打印技术相比，FDM具有最低的尺寸精度和分辨率，因它不适合具有复杂细节的零件 （2）FDM零件可能具有可见的层线，因此需要进行后期处理表面才能光滑 （3）层黏合机制使FDM零件具有固有的各向异性 （4）成型速度相对较慢 （5）工作时有较大噪声，容易发生堵塞，不便于维护	（1）DLP打印技术无法打印大物件，大多是桌面级三维打印机 （2）需要支撑，需要在未完全固化时去除。打印后需进一步固化处理 （3）工作释放污染较多，耗材可能导致人体过敏	（1）SLA零件通常很脆，不适合功能原型 （2）当零件暴露在阳光下时，SLA零件的机械性能和视觉外观会随着时间的流逝而降低 （3）始终需要支撑结构，且必须进行后期处理才能去除SLA零件上留下的视觉标记 （4）原料有刺激性气味，易燃，释放污染较多，耗材可能导致人体过敏 （5）无法单次打印多色多材质成品	（1）组件更换频率较高 （2）整体打印尺寸较小	（1）如果需要光滑的表面或水密性，SLS零件的表面粗糙度和内部孔隙率可能需要后期处理 （2）大平面和小孔打印，容易翘曲和过筛 （3）粉尘较多，材料种类和颜色较少 （4）与金属三维打印相关的材料和制造成本很高，因此这些技术不适用于可以通过传统方法轻松制造的零件 （5）金属三维打印系统的构建尺寸受到限制，因为需要精确的制造条件和过程控制 （6）工作中会产生异味，成型大尺寸零件易翘曲，加工时间长	（1）断裂伸长率、杨氏模量、冲击韧性低于SLS性能，包括密度等均比挤出和注塑成型的零件要低 （2）孔隙率比SLS零件要高

（二）数控机床加工

数控加工技术水平是反映一个国家先进制造技术的重要指标之一，传统加工正在被数控加工逐步取代。与基于增材原理的快速成型的三维打印技术不同，数控机床加工的成型方法采用的是减材原理，利用各种刀具对材料进行钻铣削加工，从而达到"雕刻"的目的。

数控机床加工技术与五轴联动加工中心代表了数控机床的最高水平。所谓五轴加工（5AxisMachining）是指 X、Y、Z、A、B、C 中任意 5 个坐标的线性插补运动。根据国际标准化组织（International Organization for Standardization，简称为 ISO）的规定，在描述数控机床的运动时，采用右手直角坐标系；其中平行于主轴的坐标轴定义为 Z 轴，绕 X、Y、Z 轴的旋转坐标分别为 A、B、C。各坐标轴的运动可由工作台，也可以由刀具的运动来实现，但方向均以刀具相对于雕刻件的运动方向来定义。五轴加工可以应用于多种材质的立体雕刻，适应性强，可实现一次装夹完成铣削、钻孔等多面加工，有效减少了定位误差，提高了产品的加工精度和加工效率（图 6-7）。

减材制造与增材制造具有很强的互补性，将二者有机集成，以实现增减材制造工艺的复合，能够极大提高制造效率，降低成本，拓宽原料加工范围，保护环境。

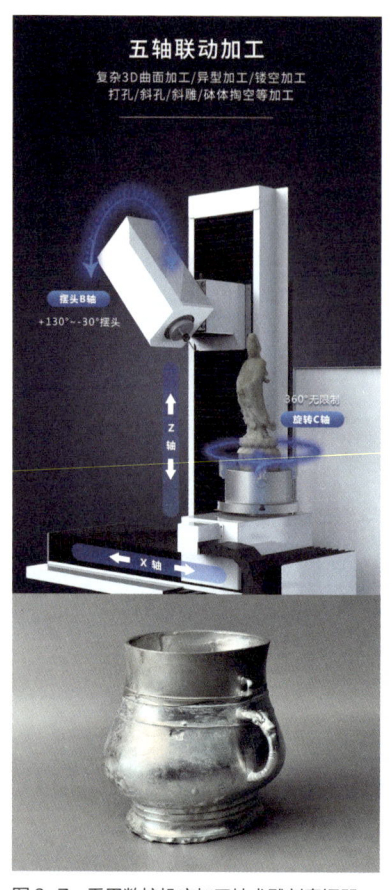

图 6-7 采用数控机床加工技术雕刻青铜器

思考题

1. 现代青铜器复制主要有几种方法？各有何优缺点？
2. 不同三维打印技术的优缺点是什么？

第二节　现代熔模（失蜡）复制青铜器的基本流程

熔模（失蜡）铸造法，也称精密铸造法。本章主要讲述利用现代熔模（失蜡）铸造工艺制作青铜复制品的流程以及相关材料，其中包括塑形、刻纹、翻模、铸造、修整、作色等基本步骤，是一个从泥（石膏）到蜡，再到铜的置换过程，在这个过程中对我国古代传统失蜡铸造技术加以回顾。希望大家从中得到启迪，使传统文化和现代技术结合更紧密，使青铜艺术品的复制水平不断提高（图 6-8）。

一、塑形

手工塑形是历代传统复制青铜器原型的主要方法。早期，人们可得到的文物信息资源少，复制青铜器大多参考《考古图》《宣和博古图》等古籍所著录之图像、铭文与尺寸资料复原器型。后期人们则是通过影像资料、数据甚至直接翻模复刻器型。随着文物保护意识的提高以及文物保护法规的完善，很多珍贵文物不允许通过原件直接翻模获取器物造型与纹饰，手工塑形与三维数码采集成为创建青铜原型的基本方法。

手工塑形作为学习青铜器复制技艺的基础课程，不仅有助于加速制作者对古代青铜器的深入理解，而且是对操作者雕塑和雕刻能力的锻炼。

（一）泥塑是最古老的塑形方法，也是中国古代青铜器原型塑造的方法之一。黏土或雕塑土通过揉、搓、捏、盘、挖等手工技法，经搭内骨架、上泥造型、深入修整、石膏翻模等一系列步骤，完成青铜器石膏原型的创建。细腻灵活、易于操作、应用面广是泥塑的最大特点，最适合多变的动物造型青铜器物的塑造。图6-9为上海博物馆原馆长马承源先生和青铜器修复专家黄仁生老师对泥塑的炎黄鼎的纹饰细节进行探讨。

（二）石膏成型是近代器物造型常用的成型方法。它既可以作为泥塑翻模的介质模型，又可以通过浇铸、塑造、模板刮削、旋转刮削等方法直接成型。石膏成型具有还原性好、细腻光滑、光洁度好、热导率低、易于掌握、使用寿命长等优点，适用于浮雕及几何体造型青铜器物原型的制作（图6-10）。

图6-8 采用熔模精密铸造的铜质工艺品

图6-9 炎黄鼎制作初期采用泥塑造型

图 6-10　石膏直接雕刻成形的鼎足

二、雕刻

（请扫描版权页上的二维码，观看教学视频）

纹饰是青铜器的灵魂，第三章第四节初步介绍了青铜器纹饰的类型与规律。将纹饰在复制过程中准确地还原和呈现，正是对这一关键知识点的总结。传统青铜器纹饰的雕刻一般要经过拓片、绘制与雕刻等几个步骤。

（一）纹饰拓片

拓片，是使用宣纸和墨汁，将碑文石刻、青铜器等文物的形状、文字和纹饰清晰地拷贝出来的一项古老的传统技艺，它将立体的青铜器纹饰转为平面图案。在摄影术尚未发明之前，拓片是采集青铜器纹饰最直观与精确的方式，人们一般依据拓体的类型与要求灵活选择。拓片制作过程基本如下。

1. 清洁

用毛刷清洁拓体周围附着的灰尘、土垢，并用清水刷洗干净，以免玷污拓本；若有油污泥封，可小心剔除和清理，不可损坏拓体。清洁后，需等待拓体干燥。

2. 上纸

上纸分为干上和湿上两种。无论何种上纸方式，均须先在拓体上刷一层均匀的白芨水。

3. 刷平

上纸后用软毛刷（用油漆滚筒亦可）刷平，赶走空气，使纸与拓体紧密贴合，切忌出现褶皱。

4. 敲打

当纸平实地贴于拓体上时，即可用打刷轻轻敲打，表面平正时用力可稍大，凹凸不平、表面粗糙时则用力不要太重，以免打破拓纸。用力大小，以将纸全部打实，并打进字口内为准。如一张纸不够，可用第二、第三张相接，接茬处不可压多，以一厘米为宜，并注意尽量避开笔画。在接茬的地方用刷子打完后，可用木槌轻敲一遍，全部上完后，再用打刷全部打一遍（图6-11）。

图6-11 上海博物馆拓片专家谢海元先生拓印汉代铜鼓纹饰

5. 上墨

在上墨之前，宣纸的干湿程度必须适中，纸略呈泛白，方能上墨。根据拓本要求不同，上墨方法也有不同，这就形成了各式拓本的品种，主要有扑墨拓、擦墨拓两大类。不管拓何种器物，上墨时都要从边缘无字或无纹饰的地方上起，然后从左至右、从上到下做有规律的扑拓，第二扑子拓出的墨痕，要压住第一扑子所拓圆形的一半，以此类推。待扑子上的墨将要干枯时再重新蘸墨。一次上墨不可过重，一次用过多的墨容易侵入字口内，造成笔画变细，甚至晕化模糊，影响拓片神韵。

6. 揭纸

待拓片八至九成干时，便可揭拓片。而后，将拓片平面放置于事先备好的纸上自然晾干，但不可放于强光下曝晒。

7. 装裱

拓片的托裱不同于字画的托裱。将凹凸不平的立体拓片通过装裱呈现于平面的拓本上，还原纹饰原貌的同时又不能使其变形，这非常考验操作者的技巧与对青铜器纹饰的理解。

（二）绘制纹饰

绘制青铜器纹饰是后期雕刻纹饰的基础，传统绘制青铜器纹饰线稿采用的基本是手绘。绘制者根据拓片纹饰并参照实物，运用描线笔、针管笔等工具在纸或石膏模型上进行纹饰描摹和转印（图6-12、图6-13）。

图6-12 手绘的青铜器纹饰线稿与墨稿

图6-13 在塑造和雕刻的同时也要相应绘制线稿与墨稿

随着计算机绘图技术的普遍应用，采用软件绘图直接在照片和拓片上勾勒描摹取样，逐渐取代了传统手绘。软件绘图的类型分为栅格图和矢量图。矢量和栅格是两种主要的空间数据结构。它们的数据来源、结构和格式都不同。最大不同是，栅格是一个规则的阵列，其中各个像素互不影响；而矢量图是由一些个坐标和由这些坐标组成的线、面、体，它们之间有着密切的关系。因此再复杂的矢量图也能经过拆解被分成单个线段或单个形状，而且矢量图可以无限放大，随意修改与调整，可以适应任何大小。

青铜器纹饰结构较为复杂，衔接性极高，各类纹样组合对很多初学者来说比较难掌握。无论是手工还是软件绘制，要将青铜器纹饰准确表现，必须对纹饰进行充分观察与深入理解。纹饰为手工制作，虽然每一块纹饰之间都有差异，但在布局与结构上仍可以找出一些共同点与规律。青铜器纹饰的结构规律主要为以下几点。

1. 主次分明

青铜器纹饰并非处于一个二维平面上，各部分主次、次次纹饰之间存在着落差。其中"双目"纹饰在整个纹饰中往往最为突出。无论是在兽面纹、鸟纹、龙纹还是各种动物纹中,鼓眼努睛的双目几乎总是处于纹饰最高点,即便是兽面纹简化到极致,其最后唯一保留的仍然是一对鼓凸的双目,仿佛凝聚了动物类纹饰的全部精神(图6-14)。

2. 自然舒展

青铜器纹饰中,无论是高凸的主纹饰,还是主纹饰上的阴刻纹饰以及铺底的云雷底纹,我们通过显微镜放大观察,就会发现大部分纹饰的底部及四壁并不平整,呈现高低不平,特别是阴纹底连壁处之角,角微显圆,而非直角,这其实都是范铸的标志。后人采用錾刻纹饰的作伪手法,往往上下宽窄一致,阴纹的底面和侧面都过于平整,錾痕明显,缺乏自然的范铸痕迹。

图6-14　商晚期兽面纹尊

3. 对称倾斜

不论何种青铜纹饰,所组成的其纹饰线条并非横平竖直,大都具有倾斜角度。这种倾斜是微妙的,在纹饰随着器型立体展开中自然形成,使得整体布局贯气融合,角、耳、尾、腿、足的相距也呈上宽下窄形的角度。各单组纹饰竖线之间或横线之间虽有倾角,但线条方向一致,间隔均匀,互相平行,大小、粗细、凹凸都极富规律,形成了一种有韵律的美感。图6-15为上海博物馆收藏的商晚期刘鼎局部图,商晚期戈䘏卣腹部外卷角兽面纹以鼻为中心左右镜像对称,向两边伸展的横向线条都略微上倾,使得兽面纹如蝶翼一般,呈现平行四边形的布局(图6-16)。

图6-15　商周纹饰呈现一种以对称轴为中心、向两侧斜上展开的"蝶形"布局

(三)雕刻纹饰

将绘制的纹饰转绘至石膏原型后,就可以进行下一步纹饰雕刻。中国古代青铜器表面纹饰以浮雕为主,陶范法铸造的青铜器纹饰线条较为硬朗和锐利,阴刻的纹饰底部平整,侧壁均匀,纹饰线条呈现上窄下宽的状态,也就是口部窄、底部宽,阴线剖面略呈梯形,阳线纹理呈现微微的上宽下窄的趋势。这种纹饰上窄下宽的现象不仅和当时青铜器制作过程中在模与范上分别修刻纹饰有关,还与青铜器铸成后加工打磨的工序有关。纹饰间距虽略有宽狭,却显出一种自然流畅之感。选择不同宽度的双坡平口白钢刀可以更好地体现和还原出青铜器纹饰的特性与规律。纹饰雕刻是一项极其考验制作者精湛技艺与耐心的工作(图6-17)。制作者通过内模外范中双向雕刻,最终完成纹饰(图6-18、图6-19)。

图6-16 商晚期戌箙卣腹部外卷角兽面纹的拓片及墨稿

图6-17 雕刻纹饰是一项极其考验制作者技艺与耐心程度的工作

三、模具

（请扫描版权页上的二维码，观看教学视频）

修复与复制青铜器的过程会使用到大量的模具。随着材料与技术的革新，中国青铜器修复与复制使用的模具材质也从早期的陶质、石质、木质发展到石膏模、硅橡胶模等，并逐渐由传统的接触式翻模向更确保文物安全的非接触式的方式发展。目前使用到的模具一般有刚性模具和柔性模具之分。下面是目前青铜器修复中最常使用到的模具种类与材质。

（一）石膏模具

天然石膏是硫酸钙与水的化合物，被称为二水石膏，即生石膏。天然石膏必须经过粉碎和炒制两大工序，由生石膏加热到107℃—170℃失水加工磨细而成，形成半水石膏（又称熟石膏）。模型制作使用的石膏是熟石膏，根据制作条件的不同，可获得 α 型半水石膏（高强度石膏）或 β 型半石膏（模型石膏）。石膏的结晶形态是影响其制品强度的关键因素。

图6-18 只有通过内模外范双向雕刻，才能达到纹饰的完美

图6-19 通过数次石膏模具的翻制，阳纹与阴纹都保持着流畅和舒展

    石膏模具在欧洲使用由来已久。创立于1819年的柏林国立博古睿美术馆雕像复制品工作坊是目前世界上最大的收藏和制作原始藏品的石膏复刻件与模具的博物馆。超过7000种来自世界上各个时代和文化的原始艺术作品的石膏复刻件被收藏于此博物馆。其中有大约500件非常有价值的石膏复刻品，它们的原始作品现在都已经遗失了。博物馆已然变成了"虚拟的世界博物馆"，成为一个在传统文化和历史记录方面都有非常重要地位的博物馆，其中石膏模具的制作与保存起到了至关重要的作用（图6-20）。

    中国使用石膏的历史也颇为久远。根据《新唐书·地理志》记载，湖北房县、山西汾阳、甘肃敦煌在唐代就开采使用过石膏。根据唐英《陶冶图说》中的记载，石膏模具制作在清朝乾隆年间已经发展成为一门专门的行业。[1] 随着海外石膏模具技术的进一步传入，清末创立的江西景德镇中国陶业学堂首先采用石膏模具用于陶瓷注浆成型和模印，取代了之前使用的陶模与木模。至1937年，石膏模具已开始在景德镇推广使用，当时主要用于小品种器皿的模印和注浆成型。另外在20世纪30年代，有不少留法学习艺术的归国人士也将石膏模型带入中国早期的美术院校，开启了石膏模型融入艺术品制作与复制的先河。

    模型石膏属于刚性模具，其比容大，水膏比大，胶凝后气孔率高。用其制造的模具有吸水率高、易于切削雕刻加工的优点。但缺点是模具强度相对较低，抗压性差。而高强度石膏为致密的短柱状晶体，比容小，水膏比小，胶凝后强度高。用高强度

---

1 清乾隆时期，宫廷画师孙祜、周鲲、丁观鹏，以自己熟悉的山水为背景，配以景德镇一带的窑舍和劳作的工匠，绘制陶冶图20幅，记录了清乾隆官窑制瓷的详尽工艺。乾隆八年（1743），朝廷造办处命唐英按制瓷顺序编排，并撰写说明。当年五月，唐英即以左图右文的形式编成《陶冶图说》。这是中国古文献中第一本完整记录景德镇制瓷工艺的专著，青花的制瓷工艺是其中的主要内容。

石膏制造的模具质地精密，强度高，使用寿命长，但不便于切削、雕刻等后期加工。

模型石膏当与水混合后发生水化反应，其中的半水石膏分子重新结合为二水石膏，并释放热量，近20%的水进入新的分子中，多余水分被蒸发，留有空隙形成小孔，总体积有微膨胀，膨胀率为0.5%—1%，短时间内可达到较高的强度，石膏的水化凝结膨胀特性，使它具有充满任何微细空间的能力。因此石膏模具是传统青铜器修复与复制中使用最多的传统模型和模具材料。

在青铜器修复的翻模过程中，复杂精巧的分块模无疑是最体现修复师高超的模具制作技艺的。分块模又称石膏分型模具，主要是指在布满纹饰的不规则的器物上，根据器物形体的起伏与角度，合理设计分型面。运用镶块、滑块、抽芯等分型方法可以使硬质石膏外模更容易活取脱模，形成既可拆散、又能组装的石膏模具。器型越复杂，对模型的分型要求越高。操作人员需熟悉和掌握石膏的特性，反复练习，方可灵活使用，变幻无穷（图6-21）。

（二）热塑模具

热塑模具最初应用于医用齿科的模型制作，具有快速安全、无毒、无害、可逆性强和价格低廉等特点。打样膏是其中一种用于牙齿粗翻模的材料，主要成分为萜二烯树脂、滑石粉、锌钡粉等。打样膏在常温下硬而脆，但在80℃左右软化后便可被随意塑形和压模，待常温状态恢复坚硬后便可脱模。最早于20世纪60年代，上海博物馆青铜修复组最早将打样膏应用于青铜器修复与复制的翻模中，其后在国内文物修复界得以推广。随着热塑模具材料的发展，可塑性树脂逐渐取代了打样胶。其中聚己内酯（PCL）以其更为良好的可塑性、生物降解性、生物相容性和无毒性以及更为便利的操作性能而被逐渐使用在文物的翻模与复制中。PCL是一种半结晶型聚合物，是由 ε-己内酯用钛催化剂、二羟基或

图6-20　柏林国立博古睿美术馆雕像复制品工作坊的收藏

三羟基引发剂开环聚合制得的聚酯。分子量较低的无色结晶固体。其熔点为59℃—64℃，玻璃化温度为–60℃。PCL的形状主要来源于材料内部存在不完全相容的两相：保持成型制品形状的固定相和随温度变化会发生软化、硬化可逆变化的可逆相。固定相在回复应力的作用下，将使制品恢复到初始形状（图6–22）。

同样，由于热塑模具的热塑特性，模具的质量优劣完全取决于使用人员操作的力度与分块结构的合理性，因而需要使用者对热塑材料的性能熟练掌握。

（三）硅橡胶模具

硅橡胶模具是快速模具制作里的一种最为简单的柔性模具。模具硅胶一般由基胶、交联剂、催化剂、填料与添加剂五个组分构成，通常基胶、交联剂和填料被制成一个组分，而催化剂作为一个单独组分，故模具硅胶又被称作双组分硫化硅胶、RTV–2室温固化硅胶。其硫化在室温下进行，主胶组分中加入适量（1%—5%）的催化剂（固化剂），两组化合物即可产生交联反应，形成有柔韧、有弹性的胶体。

图6-21 石膏分型模具

化学性质稳定，具有很好的弹性、耐高温、耐腐蚀，抗撕拉性强，脱模方便，且有很好的分割性。同时，硅橡胶的流动性比较好，在使用模具的时候，硅橡胶能够自动流满整个模具，复制性强，仿真精度高，是能解决刚性模具无法解决或很难解决的一些问题的关键技术。

图6-22 热塑模具［医用红白打样膏、颗粒状聚己内酯（PCL）、块状聚己内酯］

硅橡胶模具可以按照硫化方式和化学结构进行分类。按照硫化温度，硅橡胶可分为高温硫化硅橡胶和室温硫化硅橡胶；按照包装形式上，硅橡胶则可以分为单组分、双组分室温硫化硅橡胶；按照聚合度，硅橡胶还可以分为混炼型硅橡胶和液体硅橡胶。不同的硅橡胶具有不同的特性，它们的固化时间、硬度、收缩程度和耐高温程度也不尽相同，可根据青铜器修复中不同的步骤选择最为合适的硅橡胶模具材料。硅橡胶模具便于脱模的柔性特性也容易造成模具变形，因此在硅橡胶模具的外部增加石膏套模，可以有效地抗压和缩小变形的概率（图6-23）。

图6-23 不同密度的硅橡胶可以应用于文物修复及复制的多个重要环节

（四）三维扫描打印模具

随着三维打印技术应用范围的不断发展与普及，越来越多的博物馆和文物修复师尝试将三维扫描与三维打印技术融入传统的文物修复与复制中去。

三维扫描仪是一种用于侦查并分析立体结构物体的形状、构造等的科学检测仪器。最常使用的白光扫描、蓝光扫描等光栅扫描仪和点激光扫描、线激光扫描、面激光扫描等激光扫描仪均属于非接触式三维扫描仪的范畴。从文物信息的采集到文物实体的修复复制，从文物三维数据库的建立到文物仿真衍生品的制作，三维扫描的非接触式采集文物信息的特点，杜绝了传统接触式采集复制文物信息时带来的二次损害风险的隐患。

三维打印是将数字化模具数据输出为实体的必要设备。随着输出成型材质不断地更新换代，三维打印早已从单一打印树脂材料发展为多材质复合输出的方式直接打印输出模具，能以更为精准、安全、快速的方式复制和修复残损文物。将多材质三维打印逐渐融入传统文物修复方案的制定与实施，使其可以适应多材质文物的不同需求，更快地提高传统文物的修复效率。

四、失蜡法铸造青铜器

失蜡法铸造青铜器的重点在于制作精准的蜡型。而蜡模质量的好坏直接影响到蜡型以及铸件的形状、尺寸和表面光洁度。为了能制造出合乎质量的蜡模，对它原材料配方、制造工艺等各方面都必须制定合理的工艺规程，才能浇注出精美的铸件。

准备时要做好蜡料的配比后,置于蜡桶内,隔水加热熔化(图6-24)。

图6-24 注蜡与脱模

(一)调蜡:将熔化好的蜡液倒入蜡桶中,蜡液量约占桶容量的1/3,再加入一定数量的蜡片,搅拌成糊状蜡料,倒入保温桶中保温备用(图6-25)。

(二)注蜡:即把糊状蜡料装入蜡枪或注蜡机,在一定压力下把蜡料注入石膏模,冷却后取出,之后将蜡模平稳整齐地放入水盘中,为防止变形,温度应控制在18℃至25℃之间,温度过低则蜡模易开裂,过高则蜡易软化变形。

图6-25 铸体蜡模

(三)焊接模组

单个蜡模经过清除飞边、修光和检验后,可用烙铁逐个焊接到浇口蜡棒上,制成模组。焊接蜡模时发现浇口蜡模有裂纹、气孔等缺陷,需及时修补平整。焊接要牢固，蜡模间最小间隙为 8mm 至 10mm，为减少浇注缺陷，蜡模焊在浇口蜡棒上应向下倾 5° 至 10° 为最佳位置（图 6-26）。

图 6-26 蜡模的修整、焊接和拼装

（四）涂制模壳

1. 涂制模壳是失蜡法铸造制造型腔的关键工序。在清洁后的蜡模通体表面涂一层耐火涂料，通常用水玻璃做涂料，撒一层石英粉，放到氯化铵溶液中使涂层硬化。取出再撒石英粉，再硬化，重复 5—8 次，使模组表面结成一层厚厚的硬壳，这层硬壳俗称"石英砂模"。

2. 石膏型精密铸造是 20 世纪 70 年代发展起来的一种精密铸造新技术。它是将熔模组装，并固定在专供灌浆用的砂箱平板上，在真空下把石膏浆料灌入，待浆料凝结后经干燥即可脱除熔模，再经烘干、焙烧成为石膏型，在真空下浇注获得铸件。

石膏浆料的流动性很好，又在真空下灌注成型，其充型性优良，复模性优异，造型精确，表面光洁。该工艺不像一般熔模精密铸造受到涂挂工艺的限制，可灌注大型复杂铸件用型。不过石膏型的热导率很低，充型时合金液流动保持时间长，适宜生产薄壁复杂件。但铸型激冷作用差，当铸件壁厚差异大时，厚大处容易出现缩松、缩孔等缺陷。石膏型透气性差，铸件易形成气孔、浇不足等缺陷，而且耐火度不高，比较适用于中低温合金的铸造（图6-27）。

图6-27　石膏型熔模铸造

（五）熔化蜡模（失蜡）

把结壳好的模组放入热水槽中将蜡模全部熔化，形成中空模壳。

（六）模壳焙烧

经过失蜡后所得到的模壳，不能直接用来浇注金属（铜水），必须经过焙烧，除去模壳中的水分、残留蜡料、皂化学物、盐类及碱等，并通过烧结作用，使模壳具有可靠的强度和较好的透气性。焙烧温度必须达到800℃—850℃，并维持2小时左右，使模壳中的盐分全部氧化。一般焙烧用的加热设备为箱式电阻炉（图6-28）。

（七）熔化金属与浇注

把金属料在熔化设备中熔化后浇注到模壳里。熔化铜（金属）可用中频熔炉，也可以自建半地下土化铜炉。采用焦炭烧坩埚，坩埚内加铜料，铜与铅的比例按需要量来配制，待铜水全部熔化后浇注在模壳中。浇注时，模壳可掩在潮沙土中，露出浇口，使壳与潮沙全面接触严实，散热要均匀，不然易导致因散热不匀而爆裂。铜料应注意纯净，坩埚的大小视器物蜡型分块的尺寸、薄厚来进行选择，将铜熔化后必须一次性浇注完成，以防气阻形成隔空或炸壳（图6-29）。

图6-28 焙烧模壳　　图6-29 熔化金属和浇注

（八）脱壳与清理

脱壳清理是铸造的最后一道工序，它包括脱壳、切除浇口冒口、表面碱浴处理等项工作（图6-30）。

图6-30 通过敲击震壳等方法去除铜铸件表面模壳与范土，切除浇冒口

五、修整

无论采取哪一种铸造工艺，器物铸成脱除外范后，对铸件的修整是至关重要的。《荀子·强国篇》称："刑范正，金锡美，工冶巧，火齐得，剖刑而莫邪已。然而不剥脱，不砥厉，则不可以断绳；剥脱之，砥厉之，则劙盘盂，刎牛马忽然耳。"这一段话虽特指铸剑，但对先秦青铜器制作亦有比较普遍的意义，它将器物铸造明确地分成铸造、铸后加工两阶段。前四句概括了古代青铜器冶铸工艺的四个要素，意为：铸型必须形制端正、尺寸准确，要用优质的铜锡配制合金，匠师具有熟练的技巧，合金的熔炼、浇注均要火候得当。这体现了先秦时期人们对冶铸技术要诀的理解。后一段就是讲求铸后加工的重要地位。事实上，铸后加工由粗到细、由简到精的整理打磨过程，对青铜器纹饰最终呈现的效果具有关键的作用（图6-31、图6-32）。

图 6-31　铜铸件的清理与打磨

图 6-32　铜铸件的打磨与抛光

六、着色

　　青铜器复制品的着色，普遍被定义为金属表面氧化物的颜色。实际上，这个定义应进一步被分为两个方面：自然形成的氧化和人工形成的氧化。

（一）自然氧化

　　自然氧化下青铜器上的颜色是铜长时间暴露在空气中进行化学反应之后留在表

面的残余物。经文化挖掘出的古老的铜艺术品大多数都是蓝色，因为周围的土中有大量的碱和有机物腐蚀后产生的大量氨基化合物。铸铜雕塑的纯绿色到深绿色和黑色是由于土里有大量的酸。不同的氧化物质使得铜产生不同的颜色。对自然氧化上色来讲，时间至关重要。所以对于修复师，这个方法不可行，因为需要很多年才能达到这个效果。

（二）化学着色

化学着色是指金属化学着色，是人工氧化着色的主要方法，是为防止金属腐蚀和出于装饰目的，对金属制件表面进行的着色处理技术。由于自然氧化需要的时间太久，为了完成一件完美的仿古复制作品就必须借助人工氧化的方法。人工氧化着色不仅能产生与自然氧化相类似的结果，还能做出更多自然氧化没有的颜色。最重要的是这个过程能很快完成。

金属经化学着色处理后，表面呈现的颜色是光通过金属表面薄膜的折射或反射产生光的干涉形成的。不同光路的光波干涉呈现不同的颜色；当膜的厚度不同时，其表面色彩也不同；若膜的厚度不均匀，则会形成彩虹色或杂色。金属着色可以直接在基体金属表面上进行，也可以在金属表面氧化或阳极化后得到氧化膜层或镀上适当的镀层后再进行。

金属着色处理工艺主要有三种。①热处理着色工艺。将金属制件置于氧化环境中进行加热处理，使其表面生成氧化膜。由于氧化膜有色干扰特点，故随着加热时间不同，氧化膜厚度不同，表面会呈现不同的颜色。②化学氧化着色工艺。将金属制件置于化学反应剂中，通过金属失去电子或与氧发生化学反应而使表面形成转化膜和着色。③电化学着色工艺。经表面阳极化的金属或有镀层的金属，通过电解时电场的作用，使金属表面的氧化膜或镀层着色（图6-33）。

铜合金是所有金属中着色色彩最为丰富的金属，铜合金化学着色法是属于金属表面处理行业领域，是在着色化合物的作

图6-33 采用两种不同的化学着色配方浸泡制作的商晚期猪卣复制品，不同配方呈现不同的皮壳和锈蚀氧化层效果

用下形成金属表面的氧化层或其他化合物膜层的一种方法。各地采用化学作色配方各异，效果也不尽一致，各有所长。要用化学方法做出新铸青铜配件的颜色，首先要配制正确的青铜配方；其次对青铜铸件表面的光洁程度有苛刻的要求，直接影响到着色后颜色的均匀自然；最后是着色化合物的浓度精确配比以及温度的把握。这里列举一些采用化学方法着色的配方（图6-34）。

图6-34 采用化学作旧的铜质蒙芯

化学着色具有颜色生成自然、层次丰富、牢度持久等优点，但在制作过程中往往使用到强酸强碱，含氯化物的腐蚀性试剂的残留物也会对青铜器器物带来隐患。青铜合金的部分化学着色配方与工艺见表6-2。

表6-2：青铜合金的部分化学着色配方与工艺

颜色	编号	溶液配方		工艺条件		备注
		成分	含量/g（L）	温度/℃	时间/min	
黑色	1	硫酸铜（$CuSO_4 \cdot 5H_2O$） 氨水（$NH_3 \cdot H_2O$），28%	25 少量	80—90	数分钟	若加入氢氧化钾（KOH）16g/L，可在室温下着色
	2	碱式碳酸铜[$CuCO_3 \cdot Cu(OH)_2 \cdot H_2O$] 氨水（$NH_3 \cdot H_2O$），28%	400 0.35	80	数分钟	浸渍着色膜为蓝黑色，再在2.5%氢氧化钠溶液中固色
	3	碱式碳酸铜[$CuCO_3 \cdot Cu(OH)_2 \cdot H_2O$] 氨水（$NH_3 \cdot H_2O$），25%—28% 过氧化氢（$H_2O_2$），30%	200 1 0.1	室温	10—15	本工艺适用于ZCuZn38、ZCuZn40Pb2铜合金
	4	[A] 碱式碳酸铜[$CuCO_3 \cdot Cu(OH)_2 \cdot H_2O$] 氨水（$NH_3 \cdot H_2O$），28% [B] 氢氧化钠（NaOH）	饱和液 少量 16	室温		先在A液中着成蓝黑室温色，水洗后再浸B液，直至成黑色

表 6-2：青铜合金的部分化学着色配方与工艺（续）

颜色	编号	溶液配方 成分	含量/g（L）	工艺条件 温度/℃	时间/min	备注
绿色	1	硫代硫酸钠（$Na_2S_2O_3 \cdot 5H_2O$） 硫酸镍铵[$NiSO_4 \cdot (NH_4)_2SO_4 \cdot 6H_2O$]	55—60 55—60	60—70	数分钟	色泽呈现橄榄绿或古绿色
绿色	2	碱式碳酸铜[$CuCO_3 \cdot Cu(OH)_2 \cdot H_2O$] 碳酸钠（$Na_2CO_3$） 氨水（$NH_3 \cdot H_2O$），28%	250 250 0.25	30—40	数分钟	古绿色
绿色	3	[A] 硫酸铜（$CuSO_4 \cdot 5H_2O$） [B] 硫酸铜（$CuSO_4 \cdot 5H_2O$） 酒石酸钾钠（$NaKC_4H_4O_6$） 碳酸铵[$(NH_4)_2CO_3$] 氯化铵（NH_4Cl）	 < 300 130 27 100—250 5350—250	室温		先浸涂A液，再涂B液，形成铜绿，在室温下干燥
绿色	4	氯化钠（NaCl） 氨水（$NH_3 \cdot H_2O$），28% 氯化铵（NH_4Cl）	125 0.1 125	室温	1440	
绿色	5	硫酸铜（$CuSO_4 \cdot 5H_2O$） 氯化铵（NH_4Cl）	75 12.5	100	数分钟	
褐色	1	硫酸铜（$CuSO_4 \cdot 5H_2O$） 高锰酸钾（$KMnO_4$）	60 8	95—98	2—3	巧克力褐色
褐色	2	硫化钡（BaS） 碳酸铵[$(NH_4)_2CO_3$]	3.7 1.9	室温		浅褐色，着色后刷洗，再次着色，则色泽更佳
红色	1	硼砂液及硫酸铜 氯化钠（NaCl） 水（H_2O）	32 39 少量			着色液涂于青铜件表面。用明火加热至赤红色再慢冷。抛光后再浸入醋液或用烟熏
橙色	1	氢氧化钠（NaOH） 碱式碳酸铜[$CuCO_3 \cdot Cu(OH)_2 \cdot H_2O$]	25 50	60—70	数分钟	

思考题

1. 你对青铜器复制品制作过程中哪个步骤最感兴趣？为什么？
2. 青铜器复制的步骤及具体方法有哪些？

拓展阅读

[1]《艺术铸造》,谭德睿,上海交通大学出版社,1996

[2]《古青铜器和铁器鉴赏修复保护的实用技艺》,袁冲、涂建华,四川大学出版社,2020

[3]《古代青铜器修复与保护技术》,河南省文物考古研究所,大象出版社,2014

[4]《山西博物院藏部分青铜器保护修复研究》,山西博物院,科学出版社,2016

[5]《青铜器修复与仿古技艺论文集》,南京博物院,译林出版社,2016

[6]《中国古代青铜器整理与研究》,张懋铸,科学出版社,2017

[7]《山东高青陈庄遗址出土青铜器的保护修复》,张红燕、郑同修,故宫出版社,2019

[8]《实用艺术铸造技术》,叶学贤,化学工业出版社,2021

第七章
青铜器保存环境调控

病害虽然可以被消除，但消除病害后的器物毕竟脆弱，更需要加强后期环境的预防性保护，以防止病害复发。经保护修复封护处理后的青铜文物具有一定的抵御环境变化的能力，但是对青铜文物的长期保存来说，后期的预防性保护是非常重要的。因为没有绝对不会老化的修复和封护材料，只是它们老化的时间不同。根据文物不同的修复程度与方法，修复师应该制定后期跟踪调查计划，若发现文物本体有质变现象，应及时采取相应的保护处理措施，同时对青铜器的保存、展陈及收藏环境应采取符合青铜器保存的措施。

青铜文物的后期预防性保护主要是对温湿度、空气污染、氯化物接触、光照、微生物等方面进行控制。

第一节 温湿度

温度和湿度是影响所有金属腐蚀的主要因素，会对青铜材质的耐久性造成直接的影响。温度通过影响金属表面的化学反应速率来影响腐蚀：温度升高，腐蚀速率加快；湿度则影响金属表面水膜的形成与厚度：相对湿度增大，金属表面更易吸附水膜，加速腐蚀。同时，两者之间相互影响，绝对湿度一定时，温度降低，相对湿度会增加。

温度是衡量物体冷热程度的物理量，严格的、科学的温度定义，是建立在热力学第零定律基础上的。根据热力学第零定律，处于同一平衡状态的所有热力学系统都具有共同的宏观性质，这个决定系统热平衡的宏观性质就被定义为温度。温度的特征就在于一切互为热平衡的系统都具有相同的温度。从微观上看，温度实质上是物体内部大量分子无规则运动剧烈程度的反映，是物体分子运动平均动能的标志。温度越高说明物体内部分子热运动越剧烈，反之亦然。

温度是青铜文物腐蚀过程中的重要因素。影响青铜文物的温度主要决定于周围空气的温度。温度可以改变青铜文物表面的干湿状态，改变氧的溶解度，同时也可改变某些腐蚀产物的溶解度，从而生成不同的腐蚀反应产物，导致青铜文物表面状态发生变化。因此，青铜文物保存环境要保证低温恒定。参照国际文物藏品库及展厅温湿度标准，青铜文物全天存放环境温度应控制在18℃至24℃之间，并尽量避免温度周期性波动。[1]

---

[1] 郑幼明、俞春尧、张学军等：《博物馆恒温恒湿文物环境控制系统的建立和优化设计》，《文物保护与考古科学》2008年第20期（增刊）。

湿度是表示空气的干湿程度的物理量。在实际应用中的湿度一般使用的是相对湿度，因为绝对湿度在不同的温度下无法表达干湿的程度。相对湿度（Relative Humidity）是在某一温度时，空气中实际所含水蒸气密度和同温度下饱和水蒸气密度的百分比值。当相对湿度值为100%时，在一定温度下的空气是饱和水蒸气状态。当相对湿度值为50%时，在一定温度下的空气中水蒸气达到饱和点一半的水蒸气状态。相对湿度超过100%RH的空气中的水蒸气会出现凝结。空气的温度越高，空气容纳水蒸气的能力就越高。随着温度的增高，空气中可以含有的水就越多。

湿度的变化是导致诱发青铜器上"青铜病"的必要条件之一。现代表面化学理论认为，若相对湿度为60%RH，温度为20℃，金属表面能吸附的单分子的水的层数大约为15，而当单分子水层数达到3以上，就具有水的化学性质。因此，相对湿度直接关系着金属表面是否形成水膜以及形成水膜的厚度。在相对湿度足够的情况下，金属表面的水膜会形成有效的离子传递，使金属表面的电化学腐蚀顺利进行。参考国内外学者的研究成果，青铜器潜伏的粉状锈，其保存的临界相对湿度为42%RH—46%RH。相对湿度若超过55%RH，CuCl迅速与空气中的水发生如下反应：$CuCl+H_2O \rightarrow Cu_2O+HCl$，随着相对湿度增高，反应速度加快。不同相对湿度的实验结果显示氯化亚铜（CuCl）在95%RH、78%RH、58%RH的环境中分别经2、4、24小时反应生成碱式氯化铜：$[CuCl_2·3Cu(OH)_2]$:$4CuCl+4HO+O \rightarrow CuCl·3Cu(OH):+2HCl$。

在相对湿度低于35%RH的环境中，氯化物是非常稳定的。[2]

因此，青铜器物（特别是曾经患过"青铜病"的器物）的保存相对湿度应控制在35%RH以下。尤其在闷热潮湿的雨季，若青铜器处于高湿状态，极易诱发和复发"青铜病"。

温湿度仪是一种用于测量瞬时温度湿度和平均温度湿度的仪器，具有温湿度测量、显示、记录、实时时钟、数据通信和超限报警等功能。常用的温湿度测量仪有很多，有固定式、便携式、有线和无线遥控等多种形式，测量精度范围也有所不同。

温度测量仪根据所用测温物质的不同和测温范围的不同，有煤油、酒精、水银、气体、电阻、温差电偶、辐射、光测和双金属温度计等。温度测量仪表按测温方式可分为接触式和非接触式两大类。通常来说接触式测温仪表比较简单、可靠，测量精度较高；但因测温元件与被测介质需要进行充分的热交换，需要一定的时间才能达到热平衡，所以存在测温的延迟现象。非接触式仪表测温是通过热辐射原理来测量温度的，测温元件不需与被测介质接触，测温范围广，不受测温上限的限制，也不会破坏被测物体的温度场，反应速度一般也比较快；但受到物体的发射率、测量

2　钟家让：《出土青铜器的锈蚀因素及其防护研究》，《山西大学学报》（自然科学版）2004年第27期。

距离、烟尘和水汽等外界因素的影响，其测量误差较大。

测量相对湿度的仪器主要有两种类型：一类是没有刻度的仪器，仪器本身不能直接给出相对湿度读数，要通过计算或查表求得相对湿度数值，主要包括干湿球湿度计、通风干湿球湿度计（也称阿斯曼表）、露点湿度计等；另一类是直接在仪器刻度盘上指示相对湿度值，最常用的是数字温湿度计、毛发湿度计和自记式毛发湿度计。

无论采用哪一种温湿度计，都要根据环境容积来确定使用温湿度计的数量。一般每三百立方米就需有一个温湿度计，在实际应用时还要考虑到大环境控制的平稳程度。

第二节 空气污染

空气污染物是文物保存使用过程中材质发生质变的外部因素之一。随着现代城市的快速发展，空气污染物日益增多。现代大气污染物主要由二氧化硫、氮氧化物和臭氧等组成。博物馆空气污染物主要包括颗粒污染物和气体污染物，颗粒污染物主要是空气中的浮尘，气体污染物包括二氧化硫、二氧化氮和臭氧等，这些物质加速了对青铜文物的腐蚀。

二氧化硫（SO_2）是大气中最主要的污染气体之一，它无色、有刺激性气味，是一种腐蚀性极强的气体，易溶于水，一旦溶解在金属表面的吸附水层中，就会生成亚硫酸（H_2SO_3），甚至在大气中被氧化成三氧化硫（SO_3），溶于水膜后形成腐蚀性极强的硫酸（H_2SO_4），是酸雨的主要组成成分，对金属文物来说是巨大的威胁。

大气中二氧化硫主要来源于含硫金属矿的冶炼、含硫煤和石油的燃烧所排放的废气。SO_2 在潮湿条件下形成的酸性介质环境致使铜制品上的 Cu_2O 膜被破坏，表面氧化膜破坏处成为腐蚀微电池的阳极，铜发生腐蚀溶解，进一步形成溶解度较小的绿色腐蚀产物 $Cu_4SO_4(OH)_6$。

氮氧化物（NOx）是破坏大气环境的重要污染物，主要有一氧化碳、二氧化氮，其腐蚀原理也基本与二氧化硫相同，溶于金属表面的水膜后经过催化氧化形成硝酸（HNO_3）而沉积在铁表面。除了自身形成酸性物质而对文物产生损伤外，氮氧化物还会与其他污染物发生耦合作用，加剧对文物的侵蚀。有研究表明，在 NO_2 气体条件下，铜绿表层颜色逐渐变深，碱式硝酸铜替代了原来的 Cu_2O。此外，NO_2 会吸收光子发生光解反应，从而产生臭氧。

臭氧（O_3）是一种强氧化剂，能在大气中分解为氧气和氧自由基，后者的强氧化性会加速金属的氧化，对铜有极强的腐蚀性，它和铜反应生成氧化铜。臭氧比NO_2和SO_2的腐蚀性还要强，且当它们联合存在时，对金属的腐蚀更加严重。臭氧浓度增加会催化加速青铜的腐蚀反应。当O_2和SO_2协同作用时，青铜腐蚀产物迅速增多。

在日益恶化的环境中，博物馆藏品受损现象呈明显加剧趋势。据调查，北方城市大气污染仍是传统的煤烟型污染占主导地位，冬季尤为严重。不少区域冬季采暖主要靠烧煤，煤的燃烧是空气中二氧化硫气体的主要来源。二氧化硫会加速青铜文物腐蚀，同时二氧化硫和烟尘具有协同作用，两者并存时，有害作用可增加3—4倍，因此对文物危害极大。

第三节　氯离子

氯化物是一种重要的天然侵蚀性污染物，会使得金属的大气腐蚀速率加快。所以，氯离子不仅破坏铁质文物，还加速其腐蚀。在无机化学领域里，氯化物是指带负电的氯离子和其他元素带正电的阳离子结合而形成的盐类化合物，是青铜文物最危险的污染物。氯离子是腐蚀金属特别活跃的因素，它极易溶解于水，并具有很强的穿透力和盐吸湿性。氯化物是造成青铜器生成"青铜病"的直接原因。因此，青铜器在存放时要尽量避免和氯化物、氯气的接触。特别是在接触青铜文物时，一定要戴手套，避免手上的汗液污染青铜文物，造成腐蚀隐患。对已经感染"青铜病"的青铜文物应立即分开存放，并及时进行相应的去除与封护，防止器物间相互传染，避免危害库房其他青铜器。对于曾患有"青铜病"的青铜文物，应该严格控制温湿度，另外含有少量氯化物的青铜器在湿度较大的环境中也具有很高的化学活性，一般建议相对湿度控制在35%RH以下，以防止复发"青铜病"。

第四节　有机酸

挥发性有机酸，主要是甲酸（HCOOH）和乙酸（CH_3COOH），是博物馆环境中的重要污染物。相较于无机酸，甲酸和乙酸的酸性较弱，然而与吸附在金属表面的水膜结合后，它们电离出的H^+会降低液膜pH值，进而加速金属腐蚀。

环境因素与青铜材料腐蚀的关联程度，从大到小依次为臭氧、二氧化硫、甲酸、乙酸、二氧化氮。

第五节 光照

青铜类文物对光照的敏感性并没有丝绸、纸张等有机类文物这样高，因此在青铜器的展陈与存放环境中，光照往往是容易被忽略的参数。但对文物来说，光是一种外加能量，通过光化学反应和光的热效应对金属材料的腐蚀产生影响。它可能会影响环境温度，从而加速文物腐蚀速率。此外，紫外光会引起另一种主控污染物臭氧的分解，导致腐蚀加剧。

其实光与温湿度一样，是青铜文物修复后保存和利用中最基本的、最常遇到的外界环境因素。光主要来自太阳的光辐射，其次是来自人工光源。光对修复后的青铜文物的危害主要有三个方面：对修复材料具有热效应、使有关化学反应加速和产生光化学反应。

目前博物馆展厅所采用的光源主要以人工光源为主，使用的灯分为射灯、管灯、光导纤维灯等。许多小型博物馆由于经费等原因的制约，常常使用自然光和人工照明光源相结合。也有收藏机构将灯光直接照射在文物上，对文物未采取任何防护措施。这样长时间不均匀的照射，就容易造成采用不同材质修复后的青铜器表面局部受热膨胀收缩不均，引发化学反应，加速文物修复材料老化，出现裂纹，使有害气体、水汽进入，造成器物损坏。[3]

青铜器在保存期间应尽量做到避光保存，展厅室内照明光源应考虑到灯光辐射容易使玻璃展柜产生温室效应造成展柜内温度上升的问题，要避免使用光线强烈的聚光灯，应尽量采用冷光源灯以及无紫外线、无红外线的光导纤维灯光，对文物的干扰降到最小。[4]

第六节 微生物

微生物是对一切肉眼看不见或看不清楚的微小生物的总称。细菌、病毒、真菌

---

3 中华人民共和国国家标准《GB/T 23863-2009 博物馆照明设计规范》，2009年。
4 Fergus Read：《光照对文物的影响以及预防性保护》，罗晓东编译，《艺术市场》2009年第6期。

以及一些小型的原生生物都属于这个群体。青铜器本身受到微生物的干扰并不明显，但是不少青铜器镶嵌有其他材料（珠宝、骨器、龟甲、珐琅等），一些有机类镶嵌物会滋生霉菌，并诱发新的病害，应注意对这些材料的杀菌保管方法。[5]

第七节　复合材质青铜器的保存

一般情况下，带有稳定锈蚀的青铜器，即使在相对湿度为55%RH时状态仍比较稳定，但青铜器上会含有其他装饰或其他材质的附着物，一种或者是几种材质共同附着在青铜器上。相对于较为稳定的青铜材质来说，要优先考虑脆弱材质的存放，并综合考虑青铜器和其他材质的文物的共同存放，如彩绘、镶嵌螺钿、纺织品残留物等。或者在保护修复过程中采用了有机保护材料，进行了粘接、封护和加固，这些材料往往具有光敏性，在高温高湿及光照条件下会迅速变黄、老化，甚至变脆破损。根据《博物馆藏品保存环境试行规范》的建议，青铜器存放环境相对湿度为40%RH，螺钿存放环境相对湿度要求为50%—60%RH。故建议带有镶嵌螺钿的青铜器存放环境相对湿度要求为50%—55%RH。

一般来说，复合材质的文物共存保管时，应优先考虑脆弱文物的存放环境；长期展出和保存应结合文物的地域特征，综合考虑文物的稳定因素；在季节变化时，应考虑博物馆微环境和大气环境的缓冲过渡性。

思考题

1. 预防性保护对于青铜器保护与修复的意义是什么？
2. 青铜文物的预防性保护主要控制哪些方面？

拓展阅读

[1]《博物馆环境》，加瑞·汤姆森，国家文物局博物馆司、甘肃省文物局译，科学出版社，2007

[2]《文物建筑预防性保护技术与工程实例》，张兴斌，中国建材工业出版社，2020

[3]《预防性文物保护环境监测调控技术》，马金香，科学出版社，2015

5　陈元生、解玉林：《博物馆文物保存环境质量标准研究》，《文物保护与考古科学》，2002年第14卷增刊。

[4]《ABC法——一种文化遗产预防性保护的风险管理方法》，斯蒂芬·米哈尔斯基、小何塞·路易斯·佩德索利，文物出版社，2021

[5]《甘肃省博物馆馆藏文物预防性保护方案》，甘肃省博物馆，2015

[6]《文物保存环境概论》，郭宏，科学出版社，2001

[7]《博物馆藏品保护与展览》，NathanStolow，宋燕、卢燕玲、黄晓宏等译，科学出版社，2010

第八章
青铜器修复及复制案例

案例一：商中期兽面纹壶的铸造补配修复

（请扫描版权页上的二维码，观看教学视频）

商中期兽面纹壶，完整的原器应为直口加盖，细长颈，鼓腹，圆底，圈足；提梁呈绳纹状，与肩部和盖顶的菱形环连接（图8-1）。圈足有对称两方孔。肩部和腹部饰兽面纹，上下皆镶连珠纹；提梁和菱形环双重活络部件是采用分铸法制成的，标志着铸造技术的一大进步。在埋藏与传承过程中，器物残缺三分之二，缺失壶盖、提梁、连接环等附件。

湖北省博物馆收藏的1974年湖北省黄陂盘龙城李家嘴M1商代遗址出土的商早期兽面纹壶（图8-2），与此件残壶形制、体量都非常接近，为此件同时期的青铜壶的补配提供了有力的修复依据。

依据壶身残留部分的弧度，可以推算出壶身腹径与高度，修复者首先使用雕塑泥塑造壶身残缺部分的大型（图8-3）。

再利用石膏翻模，将塑造的泥型转换成石膏模型（图8-4）。

300目石膏粉制作的模型石膏为修复器身残缺提供了细腻坚实的基础，修复者依据原件残留部分的二方连续兽面纹饰进行扩展延伸，按原器型进行衔接雕刻（图8-5）。

图8-1　完整的商中期兽面纹壶

图8-2　湖北省黄陂盘龙城李家嘴M1商代遗址出土的商早期兽面纹壶

图 8-3 雕塑泥塑造壶身残缺部　　图 8-4 石膏模型 　　　　　图 8-5 按原器型进行衔接雕刻
　　　　分的大型

　　商早期同类器型存世极少，且器盖和纹饰也略有不同。修复者综合现有数据，通过三维建模，生成缺失器盖的数字三维模型。数字模型的建立使得补配器盖的尺寸、纹饰以及布局的调整更为直观与便利，方便反复调整，以确定最佳补配形制（图 8-6 至图 8-9）。

　　在没有三维打印机输出的情况下，修复者根据数字模型提供的精确尺寸进行传统手工石膏器盖的制作。通过石膏内外范反复雕刻的纹饰，达到最接近陶范雕刻纹饰的效果（图 8-10、图 8-11）。

图 8-6 缺失器盖 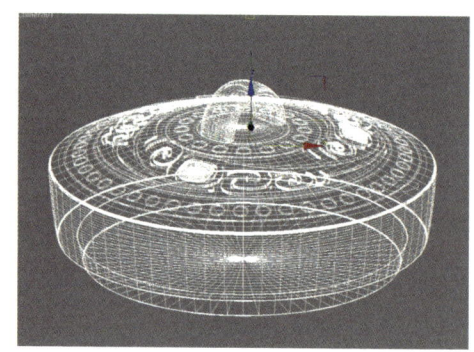　　　　　　　　　　　图 8-7 生成数字三维模型

图 8-8 数字模型建立

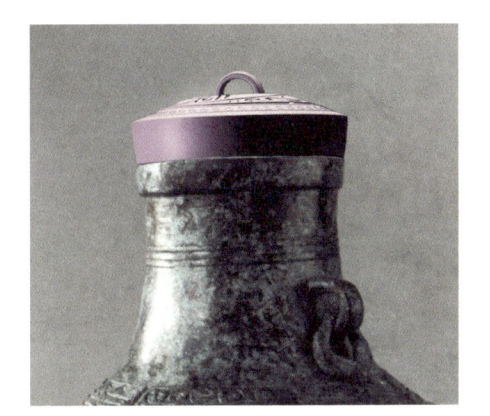

图 8-9 补配器盖调整

图 8-10 确定最佳补配形制

图 8-11 数码模拟着色效果

依据三维模型数据,采用石膏将壶身残缺部分以及缺失的器盖、绳纹提梁、连接环等附件全部补配齐全(图8-12)。

通过再次翻模,将石膏模型制作成待铸造用蜡模(图8-13)。

图8-12 统一调整残缺部分石膏配补件的细节

图8-13 翻制蜡模

修复者通过传统的失蜡法铸造,铸造出与原件合金配比相同的青铜配件。采用精密真空铸造技术,使得青铜铸件最大程度地还原了石膏模型上的细节(图8-14至图8-16)。

图8-14 传统失蜡法铸造

图8-15 铸配件的切割与修整

精密真空铸造的铸件无收缩变形，壁厚与弧度都非常匹配，与原件断口衔接自然（图8-17）。铸配件与原件采用环氧树脂粘接的方式连接，在保障了器物展陈强度的同时，做到了修复材料与方法的可逆性，最大程度缩小了对原器物的干预（图8-18）。

最终通过手工作色，使得器物外部色彩、质感和谐，达到最佳展陈效果，在器物内部则保留可辨识的修复痕迹，以便于后期的研究工作开展（图8-19）。

图 8-16　铸配件与原件

图 8-17　铸配件与原件进行组合与调整

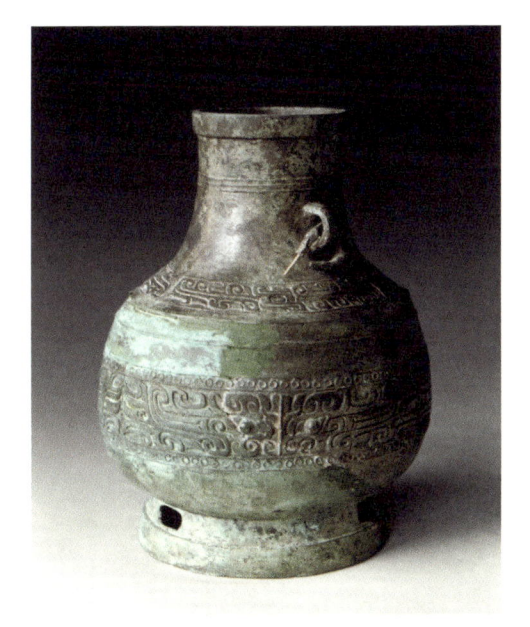

图 8-18　将铸造的残缺部分与原件进行拼接

图 8-19　达到最终展陈效果

案例二：商晚期兽面纹斝的补配修复

上海博物馆早年入藏一件青铜器（图 8-20），高 105mm，口径 152mm，腹径 183mm，整体呈圆形，侈口束颈，鼓腹圆底，腹一侧有兽首鋬。鼓腹部饰有兽面纹与龙纹，纹饰清晰而精美，腹内底部有 4 字铭文，并自铭为"盂"。

通过 CT 扫描检测发现，如图 8-21 所示，看似完整的"盂"，通体有七处人为干扰痕迹。器底部的四处痕迹，其中三处为等边三角形，大小相等，分布均匀，正是对应三足酒器的位置，器腹中间有一块 90mm×35mm 的矩形焊接痕迹，位置正对应器腹内部的铭文，器物口沿两侧的干扰痕迹也是对应传统酒器口沿部的二枚柱头的位置。由此可见，此件器物原本并不是一件"盂"，而是一件商代晚期兽面纹斝的改制品。

通过 CT 影像观测，七处干扰痕迹的断面与器身断面完全吻合，通过 CT 影像对器物密度进行分析，可以看出七处干扰部位的密度与文物主体一致，新铸的配件或其他老器物的残片很难达到密度完全一致。再运用 XRF 对上述七处干扰痕迹与文物主体进行了成分检测（图 8-22），结果显示七处干扰部分与主体的铜锡铅的含量基本相同。综合 CT 与 XRF 两项测试可见，这件青铜斝虽有多处改制，但改制部分并没有添加非原器的后期增补材料。XRF 检测七处干扰部分与器身铜锡铅含量对比见表 8-1。

图 8-20　商代晚期兽面纹残斝

图 8-21 CT 扫描影像　　　　　　　　　　图 8-22 XRF 无损检测青铜斝七处的成分

表 8-1：XRF 检测七处干扰部分与器身铜锡铅含量对比表

序号	样品测试位置	铜（%）	锡（%）	铅（%）
1	足部 1	84.71	11.85	1.8
2	足部 2	84.61	13.33	1.16
3	足部 3	82.02	11.93	4.42
4	铭文	83.6	12.62	0.5
5	柱头 1	80.87	14.95	1.2
6	柱头 2	80.02	14.16	1.69
7	器身	79.7	13.6	3.1

再通过显微镜对器腹内底部的铭文进行观测，可发现腹内的铭文字口边缘粗糙，笔画底部不平整，有明显伪刻痕迹。

由一系列观测与分析，可以得出结论，此件商晚期斝可能是埋葬的原因，出土时三足与二柱残缺严重。而旧时古董商人非但没有进行合适的修复，反而将其三足与两枚柱头的残存全部切割与打磨掉。

"改制"文物一直是旧时古董行业的潜操作，古董行业在追求利益最大化的前提下，将残破的文物在无法修复的情况下进行破坏性"改制"，其方法包括切割、重组、拼凑、增加纹饰与文字等，属于文物伪造的一种类型。

此件商晚期"改制"斝正是这一时期古董商采用"真器改造"和"真器作伪铭"这两种典型作伪手段结合的案例。由于此斝器型为鼓腹束颈，腹底不易錾刻，作伪者不惜以破坏真器为代价，在器腹底部切下 35mm×90mm 的矩形铜片，待细心錾刻完成铭文后再焊接回原处，继而将焊接痕迹作色隐去。费尽周折，都是为了使得这件伪器更具可信度。此"改制"斝正是研究这一时代中国传统文物修复史的极有意义的实物证据（图8-23）。

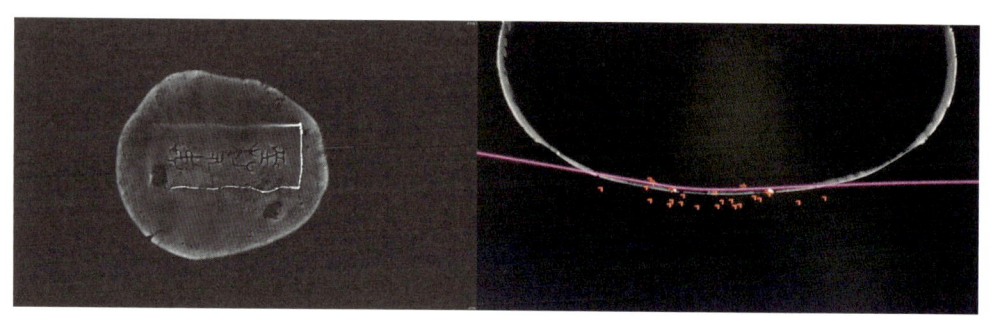

图8-23　CT扫描影像下显示出加刻的铭文

器物"病害"原因虽已找到，但修复过程仍是一波三折。因原器三足二柱全部缺失，国内出土虽有类似器型，但因体型比例、纹饰风格差异太大而无法确定适合缺失部分的尺寸依据。按照文物修复保护的原则，不能在没有依据的情况下，对文物进行盲目修复，不伪造文物的美学、概念以及物质特征。因此在没有依据的情况下，宁可暂时不修复。最终在机缘与努力下，原上海博物馆青铜部主任周亚先生在日本神户白鹤美术馆找到了一件与上博残斝形制几乎一样的完整器型，为修复提供了有力的依据。

由于"改制"文物具有时代特殊性，因此在制定此件"改制"青铜器的修复方案时，修复者尝试尽可能地保留其具有研究价值的"改制"痕迹。要想做到这点，就必须采取一系列不同于传统修复的方法，这也是对中国传统"完美复原式"的青铜器修复方式的一些探索。

间接快速铸造，是通过三维打印技术制作蜡模进行数熔模铸造。它取代了传统铸造配缺时需要使用的石膏模、树脂模等中间步骤，还可以避免传统铸造配缺中在塑形、翻模、注蜡以及铸造等过程间出现的多次体量收缩而产生的成品误差。在间接快速铸造中，这系列收缩误差可以轻松地通过计算机直接释放比例后再直接进行熔模铸造，使得文物修复配缺更为精准。

根据此件"改制"文物的特性，修复者综合各项技术的特点，最终采用与原来器物铸造的金相更为接近的间接快速铸造的方法，通过三维打印技术打印蜡模，再进行熔模铸造配件。

首先通过蓝光三维扫描获取"改制"斝的精确立体三维数据，根据日本白鹤美术馆收藏的商晚期兽面纹斝的数据资料，运用SOLIDWORKS软件对此件残斝进行三个中空足与二柱的数码创建（图 8-24）。创建后的配件可以完美地模拟出器物的铸造细节，数字化配件可以通过三维打印机直接输出蜡模。在传统青铜器配缺修复的工序中，从泥模塑形到石膏翻模，再到石膏注蜡，最后失蜡铸造，这几个模型转换的环节都会产生不同程度的收缩，尤其是注蜡的与铸铜的收缩比例累计可高达 10%。这就要求在传统配缺修复的开始，就要将这收缩比计算在内，也就相当于将原模型在制作过程中放大 10% 左右，这需要修复人员掌握足够的经验与技巧。现在通过计算机建模后直接输出蜡模，同时可以依据蜡模铸铜的收缩比将打印的蜡模精确地等比放大，避免了传统修复中模型材质反复周转的收缩误差。此次采用的蜡模打印技术是光固化 LCD 掩膜技术（LCD masking），是利用 LCD 作为光固化光源的技术（图 8-25）。这是继传统的光固化打印 SLA 激光扫描和 CLIP 数字投影等光固化成形技术后更进一步的改良技术，具有高精度、结构简单、耗材通用性强、打印成本低廉等多方面优点。

图 8-24 通过三维扫描获取器物的三维数据，并利用软件进行三足与二柱的数码创建

通过建模等比放大 2% 蜡模，在熔模失蜡法铸造后收缩得以补偿（图 8-26、图 8-27），配件与器物残缺部分完全吻合。接下来的安装配件的过程采用了可拆卸钕磁铁无损安装的方法。钕磁铁（Neodymium magnet）也称钕铁硼永磁材料，是以金属间化合物 $Nd_2Fe_{14}B$ 为基础的永磁材料。它的主要成分为稀土元素钕（Nd）、铁（Fe）、硼（B）。在准备安装配缺的三条锥足与两枚柱头内部用环氧树脂粘接安装第三代钕磁铁。第三代永磁钕铁硼是当代磁体中性能最强的永磁体。此

图 8-25 光固化 LCD 掩膜技术打印的柱头蜡模

次修复在每条足里使用了 20mm×5mm N35 圆形钕铁硼磁铁，根据吸力公式：

体积 × 密度 ×600 倍 = 吸力

（20mm 直径 ×3.14×5mm 厚度）体积 ×0.0075 密度 ×600 倍 =7065g

也就是说每条腿上 N35 磁铁可以吸附 7000g 左右的物件，而实际单足重量只有 390g。

在器腹外侧底部三足对应的位置粘接一片厚度 0.3mm、直径 15mm 的薄铁片，铁片面积虽局部遮挡空心锥足断面的部分中心，但对于重要的空心锥足断口信息的保留没有任何影响。同样，在安装柱头的位置，配合柱头连接面形状的中心，粘接一片厚度 0.3mm、长 8mm、宽 5mm 的薄铁片，通过足内以及柱头中强磁铁吸附，使得配缺件牢固地吸附在器身上断损的位置。其强大吸力既可将原本质量不重的空心足与柱头配件牢固地吸附于器物，安装后的青铜斝可以稳定地站立，附件又可随时拆卸，快速还原成最初状态（图 8-28、图 8-29）。虽然肉眼观测磁力吸附牢固，不过出于文物安全考虑，在后期展陈时会在器物腹部下制作独立的支撑架，承托器物重量，以消除因器身自重、斝足外撇的受力角度以及滑动摩擦力等因素对文物造成的安全隐患。

图 8-26 采用失蜡法对三维打印的蜡模进行铸造

图 8-27 上排自左到右依次为：石膏模型、三维打印白膜、三维打印的蜡模、铸造后青铜铸件。下排自左到右依次为：石膏模型、三维打印的蜡模、铸造的青铜铸件、作色后的青铜铸件

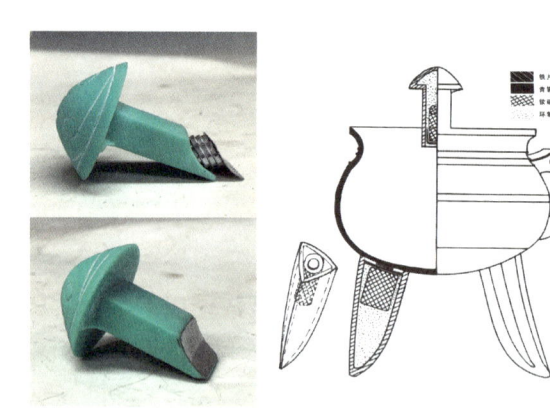

图 8-28 柱头内钕磁铁安装以及可拆卸式配缺件示意图

图 8-29　利用可拆卸式配缺结合三维打印铸造修复完成的商晚期兽面纹斝

结论

采用三维打印结合铸造的配缺方法，配合可拆卸配件安装的修复方案，是对传统青铜文物修复的一种尝试，使得中国的传统修复更符合现代文物修复保护的理念与原则。

第一，出于对文物主体的最小干预性原则，保留原有的时代修复痕迹，为研究提供有力的素材。

第二，采用无损可拆卸的装配方式，修复一定程度上是可逆的，能够轻松还原器物原貌。

第三，运用数码建模直接三维打印输出蜡模，同时可以依据蜡模铸铜的收缩比将打印的蜡模精确地等比放大，改善了传统修复中模型材质反复周转的收缩误差。

第四，补缺部分与原件的可辨识性，既还原了器物原本的形制与功能要求，又保留了文物现状，为文物修复的推广与普及提供了有说服力的案例。

案例三：石膏分型模具的制作

（请扫描版权页上的二维码，观看教学视频）

石膏分型模具是一种古老的传统模具，因其具有成型快、稳定性好、绿色环保、价格便宜、资源丰富等优点，因此也是青铜器修复与复制中使用最普遍的模具。由于青铜器造型丰富、结构复杂，因此在实际青铜器的修复与复制中运用石膏分型模具，就需要修复师具备熟练的技巧与随机应变的能力。石膏分型模具的工艺过程并不复杂，大致为：定位分型—顺型围区—隔离模具—浇注石膏—修整模块—榫卯定位。

一、定位分型

在开始操作前对器物进行好合理的定位分型计划，是石膏分型模具的最重要的步骤。高点走线是石膏分型模具的原则。无论器物造型多复杂，一般先把它分为上、下、左、右、前、后六大区，再根据每个大区内不同的造型划分小分型面模块，一般是以大分型面模块夹裹小分型面模块，小模块间参差有序，使得模具中每一块小模块都稳固地包含在大模具内部，而不会脱落、掉入模具空腔内。在设计模具的每一块分型模块边缘时，应尽量避免出现狭窄的锐角，这样可以延长分块模具使用的寿命。总之，在模具分型设计中，在确保每一片分块模具都能安全取下的前提下，模具分型的数量越少越佳。

二、顺型围区

在确定了分型后，顺着计划的分型线"围区"就是为了确定分型模块的边界。"围区"一般采用可塑性好的油性橡皮泥。将事先搓成条状的橡皮泥沿着分型线围成橡皮泥"围墙"。细部形状角度可以借助各形状的雕塑工具来塑形。为确保每块模块的合理准确定位和兼顾左右前后模块的依靠，"围区"的范围必须略微扩大一点"围度"，以便为后面的修整工作留下余地。

三、隔离模具

隔离模具就是对"围区"内的翻模部分涂抹隔离脱模剂，传统最有效的脱模剂是皂液。使用有弹性的笔刷蘸取浓肥皂水，均匀涂于"围区"内的每一个地方。皂液涂刷的光滑程度直接影响后期浇注的石膏模具的表面光滑度与准确性（图8-30）。

图8-30　在分型模内均匀涂刷隔离脱模剂

四、浇注石膏

水与石膏粉以大约 1:1.4 的比例均匀调配，搅拌调匀后倒入橡皮泥圈驻的围区内（图 8-31）。

五、修整模块

待石膏凝固，拆去围墙，木槌轻击取下分型模块。用铲刀沿着分型线切削分型模块，切削时注意每个模块的界面角度尽量大于 90°，可以减少模块边缘的损坏（图 8-32）。

图 8-31　浇注石膏时应注意由稀到稠，由细到粗

图 8-32　木槌轻击脱模

六、榫卯定位

根据之前的方法，逐块递进，在每个分型模块衔接的立面上刻制不同形状的榫头，可以防止模块间的位移，也便于模块间的连接与辨认。要靠榫卯定位和前后对称挤压紧靠，一般"上下"模块压住"左右"模块，最终最外侧大模块套压住所有这个大区的小模块，这样在合模浇铸时，内部各方向的分型小模块才不至于松动或脱落（图 8-33）。

下面以上海博物馆青铜器修复与复制第三代传人黄仁生老师制作的商代鸮卣分型模具为例进行介绍，此模型可以说充分体现了分型合理性与熟练翻模技术的完美组合（图 8-34）。

图 8-33　每一块分型模上必须做好卯榫标记

图 8-34　商代晚期戈鸮卣

商代晚期戈鸮卣石膏分型模具图解（图 8-35 至图 8-53）。

图 8-35　鸮卣盖

图 8-36　鸮卣盖模外形

图 8-37　分型内模与外模套叠

图 8-38　完全打开的内模与外模

图 8-39　外模采用大模块套压小模块

图 8-40　根据器型合理设计内模分型

图 8-41　小模块之间采用榫卯结构标注

图 8-42　鸮卣盖尖独立分为 4 块

图 8-43　鸮卣盖外模石膏分型模具数量为 15 块

图 8-44　鸮卣身模外形

图 8-45　分型内模与外模套叠

图 8-46　口小腹宽的卣体内模采用不等分分块法

图 8-47　完全打开的内模与外模

图 8-48　卣身的三段式分型外模

图 8-49　三段式外模相互叠压嵌合

图 8-50　鸮身按前后左右分为四大区，每一区又分为上中下三段式

图 8-51　采用独立 4 块分型模具解决鸮卣四足内凹脱模问题

图 8-52　鸮卣身外模石膏分型模具数量为 26 块

图 8-53　鸮卣身内模石膏分型模具数量为 9 块

| 195

案例四：青铜鼎的制作

上海博物馆收藏的西周大克鼎是国家珍贵文物，于清朝光绪中期出土于陕西扶风县法门镇任村。

大克鼎通高93.1cm，口径75.6cm，腹径74.9cm，腹深43cm，重201.5kg。鼎方唇宽沿，上有立耳，敛口侈腹。口沿下饰有三组对称的变形兽面纹，相接处有突出的棱脊；腹部饰有一道两方连续的波曲纹，环绕全器。鼎足上部另饰有突出的兽面纹。鼎耳饰有相对的龙纹。腹内铸铭文290字，笔势圆润。铭文内容则是研究西周土地制度和官制的重要资料。

其纹饰精美，体量厚重，成为很多现代铸鼎的原型。下列展示的是采用现代失蜡法铸造技术铸造青铜大鼎的过程，传统技艺为现代艺术铸件铸造开辟了更为广阔的天地（图8-54至图8-64）。

图8-54 大克鼎的器型与纹饰

图8-55 大克鼎口沿下饰有对称的变形兽面纹，腹部饰波曲纹

图 8-56 根据照片、拓片与数据资料，采用黏土塑造大鼎鼎耳的造型与纹饰

图 8-57 通过石膏翻模将黏土原型翻制成石膏模型

图 8-58 采用贴蜡技术来塑造与雕刻大鼎的纹饰

图 8-59 在塑造完纹饰的鼎身上翻制大鼎外范,经由外范制出大鼎蜡模

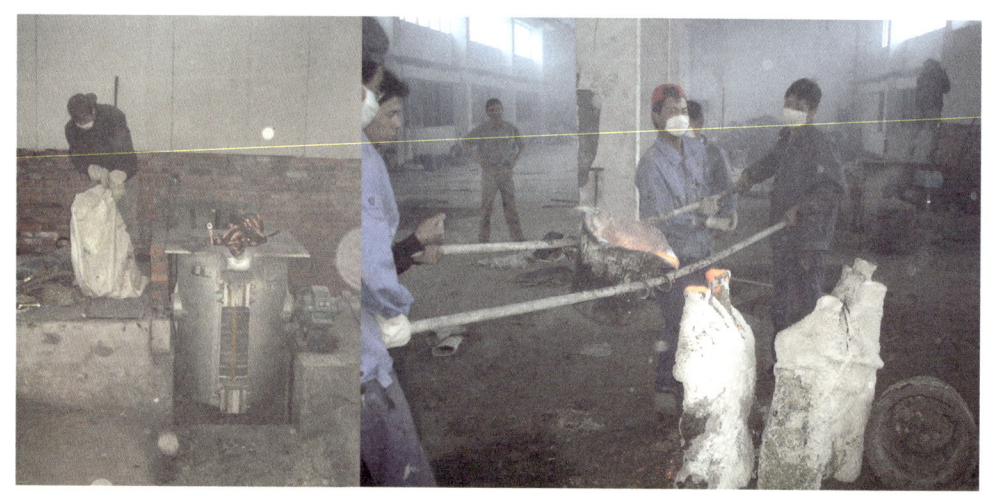

图 8-60 依据"六齐"熔铜配比青铜,采用失蜡法进行铸造

图 8-61 铸件冷却后,可以通过物理方法清理鼎身铸造模壳

图 8-62　清除了模壳后的鼎坯表面需要经过由粗到细数道精细打磨

图8-63 打磨后的青铜鼎通过加温与化学方法作色

图 8-64 吊装安装完成

参考文献

[1] 王慧贞. 文物保护学 [M]. 北京：文物出版社，2009.

[2] 胡金兆. 百年琉璃厂 [M]. 北京：当代中国出版社，2006.

[3] 大卫·斯考特. 艺术品中的铜和青铜：腐蚀产物、颜料、保护 [M]. 马清林，潘路等译. 北京：科学出版社，2009.

[4] 华觉明. 中国古代金属技术——铜和铁造就的文明 [M]. 郑州：大象出版社，1999.

[5] 赵振茂. 青铜器的修复技术 [M]. 北京：紫禁城出版社，1988.

[6] 鲁道夫·阿恩海姆. 艺术与视知觉 [M]. 滕守尧译. 成都：四川人民出版社，2019.

[7] 国家文物局. 中华人民共和国文物保护标准汇编（一）[M]. 北京：文物出版社，2010.

[8] 中国大百科全书出版社编辑部. 中国大百科全书·文物博物馆卷 [M]. 北京：中国大百科全书出版社，1993.

[9] 上海博物馆. 中国青铜器展览图录 [M]. 北京：五洲传播出版社，2004.

[10] 马里奥·米凯利，詹长法. 文物保护与修复的问题 [M]. 北京：科学出版社，2005.

[11] 萨尔瓦多·穆尼奥斯·比尼亚斯. 当代保护理论 [M]. 张鹏等译. 上海：同济大学出版社，2012.

[12] 中国文物保护技术协会. 文物保护技术 1981—1991[M]. 北京：科学出版社，2010.

[13] 联合国教科文组织. 文物保护工作中的适用技术 [M]. 北京：中国对外翻译出版社，1985.

[14] 朱凤瀚. 古代中国青铜器 [M]. 天津：南开大学出版社，1995.

[15] 郭宏. 文物保存环境概论 [M]. 北京：科学出版社，2001.

[16] 许淳淳，潘路. 金属文物保护全程技术方案 [M]. 北京：化学工业出版社，2012.

[17] 国家文物局博物馆与社会文物司. 博物馆青铜文物保护技术手册[M]. 北京：文物出版社，2014.

[18] 陈建立. 中国古代金属冶铸文明新探[M]. 北京：科学出版社，2014.

[19] 中国社会科学院考古研究所文化遗产保护研究中心. 文物保护修复理论与实践——金石匠学之路[M]. 北京：科学出版社，2014.

[20] 容庚. 商周彝器通考[M]. 北京：中华书局，1941.

[21] 马承源. 中国青铜器[M]. 上海：上海古籍出版社，1988.

[22] 上海博物馆青铜器研究组. 商周青铜器纹饰[M]. 北京：文物出版社，1984.

[23] 谭德睿. 艺术铸造[M]. 上海：上海交通大学出版社，1996.

[24] 董亚巍. 范铸青铜[M]. 北京：北京艺术与科学电子出版社，2006.

[25] 李学勤. 青铜器与古代史[M]. 台北：联经出版事业股份有限公司，2005.

[26] 戴克成. 读懂中国青铜器[M]. 南京：译林出版社，2016.

[27] 刘雨，汪涛. 流散欧美殷周有铭青铜器集录[M]. 上海：上海辞书出版社，2007.

[28] 上海博物馆. 认识古代青铜器[M]. 台北：艺术家出版社，1995.

[29] 南京博物院编. 青铜器修复与仿古技艺论文集[M]. 南京：译林出版社，2016.

[30] 李学勤. 欧洲所藏中国青铜器遗珠[M]. 北京：文物出版社，1995.

[31] 陈佩芬. 夏商周青铜器研究——上海博物馆藏品（夏商篇）[M]. 上海：上海古籍出版社，2004.

[32] 王文昶. 青铜器辨伪三百例[M]. 北京：故宫出版社，2009.

[33] 泉屋博古馆. 泉屋透赏[M]. 北京：科学出版社，2015.

[34] 马鸿藻. 考古器物绘图[M]. 北京：北京大学出版社，2010.

[35] 程长新，程瑞秀，王文昶. 铜器辨伪浅说[M]. 北京：文物出版社，1991.

[36] 黄志斌，赵应声. 高校实验室安全通用教程[M]. 南京：南京大学出版社，2021.

[37] 郭宏. 文物保存环境概论[M]. 北京：科学出版社，2001.

[38] Nathan Stolow. 博物馆藏品保护与展览[M]. 宋燕等译. 北京：科学出版社，2010.

[39] GarryThomson. 范宇权等译. 博物馆环境[M]. 北京：科学出版社，2007.

[40] 刘晓芳等. 化学实验室安全与管理[M]. 北京：科学出版社，2022.

[41] 胡东波. 文物的X射线成像[M]. 北京：科学出版社，2012.

[42] 段林峰，张志宇. 化工腐蚀与防护[M]. 北京：化学工业出版社，2008.

[43] 祝新伟. 压力管道腐蚀与防护[M]. 上海：华东理工大学出版社，2015.

[44] 刘瑞堂，刘锦云. 金属材料力学性能[M]. 哈尔滨：哈尔滨工业大学出版

社，2015.

[45] 李迎华.汉代铜范铸钱工艺及其模拟实验[D].北京：中国科学技术大学，2005.

[46] 梁瑞香.中国表面处理技术史的探讨（六）鎏金技术史考之一[J].电镀与精饰，1985（4）：33-37.

[47] 刘煜.试论殷墟青铜器的分铸技术[J].中原文物，2018（5）：82-89.

[48] 郑立超.河南义马上石河春秋墓地M35出土铜錍及相关问题[J].中原文物，2019（4）：113-116.

[49] 董子俊，翟慧萍，杨相宏，张亚炜.初探青铜器的补铸与套铸工艺[J].文物鉴定与鉴赏，2019（8）：32-35.

[50] 赵晋保，张建华，杨国庆.青铜病的防治[J].中原文物，1985（1）：86-88.

后　记

随着本书的最后一个句号落到纸上，我感到一种深深的满足和不舍。青铜器作为中国古代文明的重要组成部分，其修复与复制过程不仅是一项技术工作，还是一种文化的传承。在这本书中，我们尽力涵盖了从基础理论到实践操作的各个方面，希望能够为读者提供一个全面而深入的视角。

在此，我要向所有为本教材编写提供帮助的个人和机构表达我的诚挚感谢。首先，我要感谢我的导师黄仁生、季崇建先生及同行们，他们深邃的见解和宝贵的经验对我影响深远。我还要感谢那些在青铜器修复领域默默奉献的工匠们，他们对技艺的精湛掌握和对文化遗产的深厚情感，是本书得以完成的不竭动力。同时，我也要感谢出版社的工作人员，他们的专业精神和辛勤劳动确保了本书的高质量顺利面世。

青铜器的保护与修复是一个充满挑战与机遇的领域。随着科技的不断进步和新材料的不断涌现，未来的修复工作必将更加科学、系统，富有创新性。我期望本书能够激发更多人对这一领域的兴趣，鼓励未来的学习者和实践者继续探索实践，勇于创新。同时，我也期待读者能够将书中的知识和技能运用到实际工作中，为保护和传承人类宝贵的文化遗产贡献自己的力量。

最后，我衷心希望读者借助此书，学习青铜器修复与复制的技术和方法，始终怀揣对历史的敬畏，对文化的热爱。让我们携手努力，使这项承载着历史的技艺焕发更加夺目的光彩。

图书在版编目（CIP）数据

青铜器修复与复制基础 / 张珮琛，黄仁生著. -- 上海：上海人民美术出版社，2024.8
文物保护与修复专业系列教材
ISBN 978-7-5586-2906-8

Ⅰ.①青… Ⅱ.①张… ②黄… Ⅲ.①青铜器(考古)
－器物修复－中国－教材 Ⅳ.①G264.3②K876.41

中国国家版本馆CIP数据核字(2024)第040582号

青铜器修复与复制基础

出 品 人：侯培东
总 主 编：季崇建
著　　者：张珮琛　黄仁生
责任编辑：孙　青　沈　超
排版制作：上海商务数码图像技术有限公司
技术编辑：齐秀宁
出版发行：上海人民美术出版社
地　　址：上海市闵行区号景路159弄A座7F　邮编：201101
印　　刷：上海丽佳制版印刷有限公司
开　　本：720×1000　16开　13.5印张
版　　次：2024年8月第1版
印　　次：2024年8月第1次
书　　号：ISBN 978-7-5586-2906-8
定　　价：88.00元

超声波洁牙机去锈原理与操作

硅橡胶翻模

绘制转印纹饰

商中期青铜壶修复

石膏分型模具制作的流程与步骤